中島貞夫 著／吉田馨 構成

映画の四日間 PART 2

中島貞夫シナリオゼミナール〔新装版〕

萌書房

新装版へのはしがき

本書は二〇〇二年に初版が出版された『映画の四日間　ＰＡＲＴ２　中島貞夫シナリオゼミナール』の新装版である。出版までの経緯は旧版の「あとがき」に記した。内容は変わらない。変える必要はなかった。

「映画はスクリーンに映っているものがすべて」と中島先生はおっしゃる。スクリーン上に光と闇が交錯し、音が響き、黙し、そこにドラマがあらわれる。映画の創造も享受もスクリーンでおきる。観客を銀幕に引きつけておくために、作り手はまず何をすればいいのか。

「一スジ、二ヌケ、三ドウサ」。日本映画の父と称されるマキノ省三が残した言葉である。シナリオが第一。ではシナリオの本質はどこにあるか。「シナリオは論理以外の何ものでもない」。中島先生は本書でこう語られる。それに尽きるとわたくしも思う。

「シナリオの論理」と書くとややこしそうだが、中島先生は『８９３愚連隊』（一九六六年）に即してシンプルかつ明快に説き明かされる。たとえば「第四章　シナリオを書くために」「１　箱作り」。もちろん『８９３愚連隊』は中島先生がご自分でシナリオを書き、監督した作品である。

大きな箱、□のなかに「①　京都の全景。タイトルバック」とメモされている。つぎの□には「②　８９３連中のしのぎの実態重ねて」。さらに「③　谷口、杉山と再会」「④　杉山の過去」。四つの□を↓がつないでいる。□と↓の並びで『８９３愚連隊』を作りあげている命題と論理の運びが、これ以上なく明瞭に示される。

科白が文字になり、論理がドラマの筋になって、本書一冊にシナリオのすべて、具体的な技法と抽象的な指針のすべてが収められている。映画を熟知したひとでなければ書けないシナリオ作法だが、だからこそ本書は、専門家だけではなくわたくしのようなシロウトも楽しめるシナリオ読本になっている。

一七年ぶりの新装版で、その間に映画はフィルムからデジタルの時代になった。「どこを書き直しましょう」と先生にうかがうと、「直しはねえな」と即答された。

映画の世界でもテクノロジーは日進月歩、半世紀前のスペクタクル映画のように数千人のエキストラをあつめて大群衆シーンを撮ろうとする映画人なんて、いまどきいない。エキストラをあつめる代わりに、なにをすればいいのか。そんなことは、シナリオを志す人ならば、知っていて当然である。シナリオを書くには映画表現の特色を十分に心得ていなければならぬと、本書にも書いてある。日進月歩のことほど、すぐに古びてしまう。「おれはシナリオの本質だけをしゃべった。本質は古びない。だから書き直しはない」。そういう意味だと、わたくしは勝手にうけとめた。

本書には、テクノロジーがどんなに進歩しても古びないこと、少なくとも映画誕生この方一二〇年は変わらなかったことが語られている。中島先生が劇場用の作品ではじめてデジタルキャメラをお使いになったのは、二〇一五年監督の『ちゃんばら美学考』である。京都で作られてきた時代劇を歴史的にふりかえったドキュメンタリーであり、京都の時代劇が担っていたもの、そのなかで今後に生かされるべきものを、作り手の立場から考察したドキュメンタリー・エッセイともよぶべき、新しいジャンルの作品だった。

中島先生はこのとき、京都の時代劇の考察とともに、デジタルによる映画製作についても、実践をとおして、さまざまな試みをされた。小さいキャメラで複雑な効果をあげられる映像の機動性、いりくんだ内容を一直線に伝えられる編集のたやすさ、またフィルムを使わない製作費の節約などを、先生は自家の薬籠にとりこんだといえよう。フィルムとデジタルのプラス・マイナスを見きわめ、足馴らしをしたあと、中島先生は満を持してデジタルによる劇映画『多十郎殉愛記』にとりかかった。二〇一九年四月一二日、本書が店頭にならび、新学期の教室で開かれるころ、全国東映系で一般公開される。

『多十郎殉愛記』と『893愚連隊』を、ぜひ比べていただきたい。

デジタルなどによる新しい表現に対応しようとされたのだろう、中島先生は『多十郎殉愛記』で、大阪芸術大学時代の教え子・谷慶子さんと共同でシナリオを練り、熊切和嘉さんを監督補に招かれた。新作は、こうした万全の配慮のもとで作られている。それをご承知くださったうえで、どうか両作品を比べていただきたい。また可能ならば『多十郎殉愛記』のシナリオを入手され、本書と比べていただきたい。お比べになると、この二作品があまりにも変わっていないことに、きっと仰天されるだろう。新しい風が吹きわたる『多十郎殉愛記』という時代劇のシナリオが、かれこれ二〇年前に出版された本書で語られているとおりに作られているのだ。

不易流行という。芸術には変わるところと変わらないところがある。本書は、変わらないところだけで構成された、シナリオについての本である。ほぼ二〇年、本書と肩を並べうるシナリオ読本は出ていないと、ひそかにわたくしは誇らしい。二五年前に大阪大学文学部の特別講義で中島先生が語られ、そこでわたくしの学んだことが、映画誕生から今日までの真理であったとあらためて知り、そのことを感謝するのである。

二〇一九年　おひなさんの晩に

吉田　馨

まえがき

タイトルでもお分かりのように、本書は三年前に出版した『映画の四日間――中島貞夫映画ゼミナール』の姉妹篇ともいうべき性質のものである。

前著は平成六年に大阪大学文学部で行った特別講義を、吉田馨さんのお手をわずらわせ整理・構成をしてもらったものだったが、本書も平成一一年一二月八日から一一日の四日間にわたって、所も同じ大阪大学の大学院文学研究科での特別講義を、またまた吉田馨さんが整理・構成をしてくれたものである。

前著の内容は「映画表現の特徴とは何か」について、多年におよぶ映画監督としての私的な経験をもとに、主に映画製作のプロセスを追いながら、実例にそっておしゃべりをさせていただいたものだった。ただその折、時間の関係もあってシナリオについての言及が不十分であったということから、今一度「映画シナリオについて語れ」ということで、性懲りもなく、またまた阪大でおしゃべりをさせていただいた。もちろん、今回もまた、私が多年にわたって行ってきたシナリオ執筆の個的な体験をもとに、私なりのシナリオ論、いや「論」と申すにはあまりに未整理の、私的体験を語ったにすぎない内容だが、上倉庸敬氏らの無言の圧力におされ、活字化の運びと相成った次第である。

したがって本書は、世にあるシナリオの作法書でもなければ、理論的なシナリオの分析書でもない。もし本書にいささかでも出版の価値があるとすれば、それは多年にわたりシナリオを書き監督も、という二足の草鞋をはいた男が、実例にそってシナリオと映画作品の関係についておしゃべりしたという点であろう。

阪大の講義では、拙作『８９３愚連隊』のシナリオと映画をサンプルとして使用した。なぜ『８９３愚連隊』なのかといえば、もう四半世紀も前の作品ではあるが、あのシナリオは初めて足で書いた（取材を重ねてという意味）シナリオであり、未熟な作品ながらそれなりに当時の自分が表現したかったものを、素直に表出することのできた作品だったからである。自作への言及は、一方で我田引水におちいりやすい危うさを持つ。しかしそれは、前述したように、本書が私的な体験を語るにすぎない態のものだということでお許しを願いたい。

また、本書の末尾に「附録」として載せた「映像自分史ワークショップ」は、昨年行われた第三回京都映画祭のワークショップの折に書いたテキストである。

自分史を映像で綴ってみたいという要望に応え、その手助けのために行ったワークショップだが、聴講者の熱心さには圧倒された。これは作り方の一例を示したにすぎないが、ご参考になれば幸いである。

最後に、本書の出版にあたり、またまた井川徳道氏に装丁の労をとっていただいた。いつもながらの甘えに貴重な時間を割いてくださった井川氏と、出版への無言の圧力をあたえ、そのための労をとってくださった上倉庸敬氏に、改めて御礼を申し上げます。

二〇〇二年三月

中島貞夫

映画の四日間ＰＡＲＴ２——中島貞夫シナリオゼミナール〔新装版〕＊目次

映画の四日間ＰＡＲＴ２——中島貞夫シナリオゼミナール〔新装版〕

はじめに

ぼくとシナリオ

長い間、もうじき五〇年にもなりますが、シナリオを書いたり映画を撮ったりしてきました。その経験に基づいて、シナリオを書くということでは何が大切かということを学んでいただければと思います。

シナリオを文芸学的に分析してみようと考えている方、シナリオと映像の関係をもう少しつっこんでみようかなと思っている方、できあがった映像作品からその根本にあるシナリオを考えようという方。こういった皆さんにも参考にしていただける話になればとも考えています。監督とシナリオの関係や、シナリオを共同で書くというのはどういうことかもお話ししたい。

『くノ一忍法』（昭和三九）で映画監督としてデビューしてから今日まで、シナリオを書く立場とそれを映像化する立場と、その双方からシナリオを見る経験を踏んできました。自分でシナリオを書いて自分で監督する、ほかのシナリオライターと共同で書く、監督はせずにシナリオだけを書く、完成されたシナリオをもらって監督する。こういったように、いろんな形でシナリオと関わってきています。自分一人で書いたケースより〜、共同脚本の方が多いので、これについてもお話しします。

黒澤明さんは、有能なライターを何人か集めてシナリオを作らせることが多い監督さんでした。その一方で、徹底的に他人を排除して、自分一人だけで書くシナリオライターもいます。シナリオを書くという作業は、一人でも共同でも同じです。分担する作業内容は変わるけれど、本質的な意味は変わりません。

人はそれぞれシナリオになるような「これぞ」という素材を持っています。だから書き方を覚え表現力さえあれば、シナリオでも文学でも、一生に一回は素晴らしい作品が書けるといわれています。

けれどシナリオは文学と少しちがいます。どこがちがうのでしょう。

シナリオは映像化することを大前提として書かれるものなのです。映像化することが前提になっているということは、内容はさることながら、映像化のプロセスに対応できる形式を踏まえている必要がある、ということです。その形式がシナリオ表現の一つの特徴です。そのことを理解さえすれば、本当に誰でも一本ぐらいは書けます。

ただし、プロのシナリオライターという立場になれば、常にお客さまの鑑賞にたえ得る作品を生み出さねばなりません。職業的に書き続けるのだから、個人が持って生まれたことや経験した事柄の範囲では、表現できないことが多くなります。だからシナリオを書くためには、個的な体験以上のものが必要なのです。

この講義では、前半はシナリオの一般的なことをお話しし、後半は自分で書いて自分で撮影した作品を例にしてお話ししたいと思います。四日間という短い期間ですが、「これを書いてみたい」というはっきりした視点を持てばシナリオが書ける、つまり一生に一回は書ける素晴らしい作品のための、そんな内容の話になればいいと思っています。

テレビ映画でシナリオデビュー

昭和三四年、ぼくは映画がやりたくて東映に入りました。ちょうどテレビが各家庭に普及し始めた頃です。

当時、テレビのニュースはフィルムで撮影していました。ニュースは新鮮でなければいけませんから、極端な場合は、撮影したフィルムをヘリコプターで運んでテレビ局の屋上に投下し、テレビ局の現像場であっという間に現像して、急いでフィルムをつないで流していました。しかし、テレビドラマも似たようなもので、一種の実況でした。当時は編集技術がなく、表現力が非常に少なかったからです。テレビドラマを作る場合は、スタジオで実演し、それを何台かのテレビキャメラで撮り、撮りながらキャメラを切り替え、こうして作ったドラマを、そのままいわば実況で放送したのです。映画と同じようにフィルムを使ってテレビ映画を作る場合もあって、テレビ局の発注を受け、映画会社やプロダクションがフィルムを使ってテレビ映画を作るのですが、これもそのままブラウン管に流されるので、いわば一種の実況放送です。現在では、フィルムを直接放映することはほとんどなくなり、映画も全部テープ化して、みなさんのご家庭のブラウン管につながっています。

テレビ放映が始まったとはいえ、昭和三〇年代は映画の全盛期でした。アメリカ映画やヨーロッパ映画がたくさん日本に入ってきましたし、邦画も松竹・東宝・大映・東映・日活という大手五社が毎週二本立で新作を公開していました。毎週二本立公開をするためには、年間五三週で一〇〇本以上の映画を作る必要があります。映画が大量生産された時代でしたから、時代のニーズに応えるために、映画会社の首脳部も、映画作りの才能を少しでも早く育てなければならなかったようです。東映京都撮影所に入って助監督になると、現場で監督のアシスタントをしながら監督の勉強をしなければなりません。助監督として撮影現場についていると、自然とシナリオを書く必要がありましたし、シナリオを書けなければ監督にはなれないともいわれていました。シナリオを書くことは、監督になるための第一歩でした。シナリオは自分のイメージを伝えるものだし、自分のイメージを伝える能力は、映画監督になるための非常に重要な要素だからです。シナリオは、お金がなくても、時間と原稿用紙と鉛筆さえあれば書ける。ぼくもせっせと書きました。

しかし、劇場でお金を払って見てもらう映画のシナリオが、初めから書けるわけはありません。初めてお金になるシナリオを書いたのは、三〇分のテレビ映画のシナリオでした。二七歳の時、皆さんは誰も生まれてない四〇年ぐらい前のことです。『少年織田信長』というシナリオでした。信長は、清州の暴れん坊、桁外れの行動様式を持つ青年として描かれることが多かった。そこで少年時代の信長を主人公にしてみた。すると企画が通って書くことになりました。『少年織田信長』は半年続きました。

テレビで連続物を作る時の基本単位は「ワンクール＝一三回＝三カ月」です。半年だと二クール＝二六回になる。例外もありますが、あの当時、連続物を作るということは、二クールものを作るということでした。テレビの番組改変は年に二回あります。四月と一〇月ですね。このドラマは幸い視聴率が良くて、大人になった信長のドラマも作ることになりました。さらに二クール追加して、主人公を青年の俳優に交代した。合計一年間、信長を書いたことになります。次に、高杉晋作を主人公にしたドラマを、また一年間書きました。

助監督をつとめた五年のうち、三年目の途中から五年目の途中にかけて、約一〇〇本の三〇分物のテレビドラマのシナリオを書きました。これはたいへん貴重なシナリオ修行でした。自分で書いたシナリオが映像化されるので、シナリオと画の関係をじかに勉強することができたからです。そのせいかどうか、テレビ映画を書いているうちに、少しずつ映画シナリオのお手伝いも本格的にさせてもらえるようになりました。

映画監督デビュー

助監督になって五年で監督になりました。ちょうど山田風太郎さんの忍者小説が大ブームだったので、これを原作にして『くノ一忍法』という企画を出しました。冗談半分の企画でしたが、企画が通っただけでなく、自分で監督もしてみろということになりました。

『くノ一忍法』は、女の忍者と男の忍者が戦う話です。男と女の戦いだから、どうしても基本にセックスがからみます。素材が素材だけに、どう作ったらいいか七転八倒し、大学時代から仲の良い倉本聰に助っ人を頼みました。倉本はもうシナリオ一本で食っていて、東京から飛んで来るとさっそく手伝ってくれました。『くノ一忍法』はほとんど倉本が書いたシナリオですが、ともかくこれが、自分でシナリオを書いて監督をした最初の経験です。

第一章　シナリオとは何か

第一節　大前提――映像化のためにある

現在シナリオという言葉は一般的になりました。政治や経済の世界では予定表というぐらいの意味でも使われています。「詳細にディテールが描き込まれた建築の青写真」のようなものだといっていい。この意味は、お話が進むにつれて追々分かっていただけると思います。

「シナリオとは何か」と質問されれば「映像化を前提に書かれた文字表現である」と答えるしかありません。当然のことですが、シナリオは文字表現です。しかしこの文字表現はあくまで、映像化することが大前提になっています。ここがほかの文芸とのちがいだね。

「シナリオとは映像化することを前提にした文字表現である」。つまりシナリオの良し悪しは、シナリオ的表現がきっちりしているかどうかで決まる、ということです。内容の良し悪しや、面白い面白くないは、表現形式にあまり関係ありません。内容が良いものは良い、悪いものは悪い。これは文芸でも何でも同じですね。けれどシナリオの場合、映像化を前提とした表現形式なので、いくら内容が良くても、映像化に対応できなければ駄目なのです。シナリオの先にある「映像化」という作業を経ることによってつまらなくなるようなら、そのシナリオは駄目なシナリオなのです。シナリオの良し悪しは、きっちりとしたシナリオ表現の中で、充実した内容が表現されているかどうか、ということになります。「映像化された時に駄目なものは、いくら内容がよくても駄目」。これがシナリオの一つの特徴です。

これから本論に入ります。

1　シナリオから見た映画の歴史

ここで映画の歴史を振り返ってみましょう。

二〇世紀は科学の時代でした。科学がなければ映画は生まれませんでした。科学は映画の母です。科学の進歩があればこそ映画も進歩しましたが、しかし、それがイコール映画の進歩ではありません。映画は生まれてわずか一〇〇年あまりの表現メディアです。誕生当初の映画が目指したものは「記録すること」でした。既存の被写体を、フィルムを回すことによってできるだけリアルに記録することです。リュミエール兄弟の映画の素材は、すべて既存のものでした。既存の被写体をフィルムに記録するだけなので、この段階の映画には、シナリオはいりません。

記録から出発した映画は、次第に映画なりの表現の幅を持ち始めました。そのすぐれた記録機能を、物事の表現に使えないかという段階に移ったのです。映像を使って表現しようという意志は、現在の映画が求め続けている表現機能の拡大にもつながっています。映画はこうして発達してきました。

日本の映画史を見ると、このプロセスが非常によく分かります。日本でも最初は、フィルムを回転させるためのメカやレンズは輸入品でしたが、映画用のキャメラが輸入されると、最初に記録を行いました。『紅葉狩』（明治三二）は、きちっとした形で現存する日本で一番古い映画だといわれています。当時の団十郎が「紅葉狩」という歌舞伎の踊りを踊り、これを撮影しただけの作品です。「団十郎の踊り」という既成のものを題材にしている段階ですね。『紅葉狩』は「記録」という映画のすぐれた能力を使い、日本全国で知られていた団十郎というスターを使った記録映像だといえます。団十郎を見るためには劇場に足を運ばないといけないけれど、当時の日本人で劇場まで行って団十郎を見られるのはほんのわずかな人たちだけでした。そこで、団十郎というのはこういう人だと映像で映し、その芸を見せたのです。これだけで大変な商業的価値がありました。走っている蒸気機関車も、線路が通ってない場所に住んでいる人は見たことがありません。蒸気機関車がキャメラに向かって走ってくる記録映像は、機関車をまだ見ぬ人々にとっては大変な迫力です。機関車の記録映像を上映するだけで、蒸気機関車のすごさで感嘆の声をあげさせることができたのです。こうして、映画にそなわった記録能力を使えばお金もうけができると考えた人たちが生まれました。彼らは映画でさっそく興行をうちます。二〇世紀という商業主義の世の中で、映画で何かを表現し、もっと幅広いお客さんに見てもらって商売に結びつけようと考えたのです。だから機材を輸入してまで映画を作ったのです。商業と映画が結びついたことは、映画の発達でとても重要な要素です。

このような時代の流れの中で、記録の対象はどんどん広がってゆきました。そして次第に、蒸気機関車の走りをどれだけ迫力があるように撮るかという「表現」の問題が生まれてきました。単に走る姿を撮るのではなく、迫力ある走りを撮ってやろう。そのためにはどういう視点から蒸気機関車を撮ったらいい？　キャメラ・アイはどこがいい？　映像を使った「表現」の誕生です。しかしこれはまだ、既存の被写体をどう撮るかという段階にすぎません。もう一歩を進めるには、映画そのものについてもっと考えねばなりません。どういうことでしょうか。たとえば、映画は始まってから終わるまで大きさも形も変わらない一種類の四角いフレームに映され続けます。これは一種の限定だといえますね。映像にはフレームによる限定があるのです。この限定は、記録する力を見つけた時に、ある程度分かっていたようですが、一方でまた、フレーム内に何を映すかという問題もあります。フレームに収める被写体を、アップで撮るかロングで撮るか。こういったフレームについて考えるだけでも、表現が随分とちがってきます。

『紅葉狩』は、キャメラは移動せず被写体の動きだけを撮った記録映像です。けれど、フルショットもロングショットも使われています。ショットの選択をしているのです。途中でフィルムをつないでいる形跡もあります。団十郎が手に持っている物を落として、それを拾い上げる。この仕草の部分のフィルムが、いま見ると、明らかに何コマか飛んでいます。誤魔化そうと思って飛ばしたのか、フィルム切れで飛んでしまったのかよく分かりません。けれど明らかにフィルムが飛んでいます。これは編集作業を加えたというよりも、やむをえずのつなぎのように見受けられます。

明治時代の末「日本映画の父」と呼ばれる牧野省三さんが登場します。牧野さんは京都にあった千本座という劇場の座主でした。今でいうなら、さしずめ総合プロデューサーといったところかな。当時の千本座は、時代劇を中心としたお芝居をかけていました。牧野さんは、どんな出し物をどんな役者でやるかということで飯を食ってきた目利きです。新しく出てきた映画という表現形式を見て牧野さんは、既存のものではなく映画のために作られた被写体を撮ってはどうかと考えたろうと思います。映画の場合、どんな出し物をどんな役者でやればいいだろう……。牧野さんが作ったのは『本能寺合戦』（明治四〇）、役者にはのちに「目玉の松ッちゃん」と呼ばれて人気を博する尾上松之助を選びました。この作品は断片すら残ってないので伝承で知るのみですが、題名からして明智光秀が本能寺で信長を襲う本能寺の合戦のお話でしょうね。森蘭丸という信長のお小姓がいますね、優男の男色のキャラクター、この森蘭丸の活躍を中心にちゃんばらを撮ったのでしょう。ちゃんばらという被写体を作ったのは、舞台で演劇をプロデュースした発想から生まれたのだと思います。おそらく舞台のちゃんばらと似たり寄ったりのものだったでしょう。けれどとにかくちゃんばらをやらせて、お寺の境内で撮影をしました。これがロケーションの始りです。戦国時代じゃないから、本当にちゃんばらをしてるんじゃありません。映画を撮るために、役者さんにわざわざちゃんばらをさせたのです。映画のための「やらせ」ですね。この「やらせ」こそ映画の本質です。つまり、まず「ちゃんばら」という被写体を作り、次に撮影のために「お寺」という場所を選んで設定する。こうして準備万端ととのった上で、初めて記録(=撮影)を行う。意識的にこうしたのかどうかは分かりません。でも明らかにこれは、「記録」の範囲をこえています。こうして日本映画は、単なる記録から「ある表現」に進歩しました。大きく変化したのです。

先ほどは、たとえば映画のフレームについて考えました。今度はたとえばフィルムの長さに目を向けてみましょう。現在みなさんが映画館で見る映画には、横幅三五ミリのフィルムが使われています。横幅は、三五ミリのほかにも、一六ミリ、八ミリというフィルムがあります。現在、一六ミリフィルムは、一缶におよそ四〇〇フィート入っています。フィルムは一分間に三六フィート回るので、四〇〇フィートの撮影時間は一一分ぐらいになります。これが一本のフィルムが持つ時間的な連続性の限界です。昔のフィルムはもっと短いものでした。キャメラが回り始めてフィルムがしまいまできたら、それで撮影は一旦おしまいになります。そして新しいフィルムに取り替えて、また続きを撮る。そうした何本かのフィルムをつないで一本の作品にしました。フィルムの長さによって撮影が制限されていたのです。映画の技術は、自由自在に編集できるところまで、まだ進んでいなかったといえます。フィルムがなくなりかけたら、役者に「そのままじっとしてろ」と叫んだそうですよ。刀を振り上げた人は上げたまま、斬られかけている人はそのまま斜めになっていろ。役者さんにそう声をかけてストップをさせ、フィルムを交換します。そして交換が終わったら、また続きを撮ってゆく。

これはマキノの話でどこまで真実なのかわかりませんが、「そのままじっとしてろ」と叫んだ時、画面に映っている俳優さんの一人がお手洗いに行っちゃった。後ろにいた男だったので気がつかず、フィルムの交換が終わり、彼がまだ帰ってきてないのに撮影を開始してしまった。そしてつないでみたら、そこにいた男が突然きえている。これを見て「あっ、どろんといわせれば忍術映画に使える」と思いついた。どろんといわせて印を結び、煙を出してみよう、こうしたら忍術映画ができる……、こうしてマキノは忍術映画を作り始めました。この時「フィルムをつなぐ」つまり編集するという新しい表現方法が発見されたのです。新しい映像表現が生まれるということは、映画的表現の幅が広がり、発達してゆくということです。現在でも特撮技術の発達は、映像表現の幅をどんどん広げています。編集というソフトの発達に合わせるように、ハード面も進化します。キャメラのレンズも、焦点距離のちがうものが何種類も作られ始めました。風景全体を撮るにはどういうレンズが適当か、人間のアップを撮るにはどういうレンズがいいのか。これについては『映画の四日間――中島貞夫映画ゼミナール』（醍醐書房）を読んでください。

初期の映画は『紅葉狩』のように、舞台の「演目」のある部分を切り取って記録したものでした。お話の内容はすでにあったので、映画用のシナリオは必要ありません。ところが忍術映画で、フィルムをつなぎ合わせて作り手の思いを伝える「編集」という技術が発見されると、演目ではないものも素材になりうることが分かってきました。既成の演目ではない、映画用の一つの物語を作らなければならない必要性に気がついたのです。こうして物語の作り手が必要になりました。『本能寺合戦』ならば、信長と光秀がはっきりしていればいい。ところが「なぜ本能寺の戦いが起こったのか」、「なぜ光秀が反乱したのか」というお話を描こうとすると、プロセスを描く必要があります。ある出来事がきっかけで本能寺の戦いが起きたならば、その出来事だけを描けばいい。しかし出来事がいくつか重なって起きたならば、出来事の重要なものをセレクトして、端的に見せてゆかねばならない。もちろん舞台の演目にそういう場面があったとすれば、それをそのまま使えるかどうかを検討したでしょう。しかし、お話を作る中で何を取り上げて重ねてゆくのかを考えるとすれば、しっかりした想定が必要になってくる。こうしてシナリオが要求され始めました。

「一・スジ、二・ヌケ、三・動作」。これは、牧野省三さんがこの頃に残した有名な科白です。一・スジというのはシナリオです。シナリオの必要性が説かれました。二・ヌケは写真技術。「ヌケがいい」とか「わるい」とかいう。テンポのような演出のことも入ります。三・動作は演技、役者の動きと演出です。「一・スジ」というのはお話を作るだけではなく、映画的に構成するという意味も含まれています。ここで初めてシナリオの重要性が出てきました。

寿々喜多呂九平さんや山上伊太郎さんといった初期のすぐれたシナリオライターは、みな牧野さんが作った会社の出身です。牧野省三さんがシナリオライターに高いギャラを払ったのは、シナリオの重要性を認めていたからです。映画を作ることはシナリオを作ることから始まるという、日本映画の作り方はここから始まります。牧野さんの働きは日本映画の初期において誠に偉大でした。日本映画の多くは、演劇、とくに大衆演劇を素材にして作られたもので、当時もその傾向が残っていましたが、こうして作品そのものはより映像的になってゆきました。

いま君たちが映画館で見ている上映用のフィルムの端には、音を波長にかえて焼きつけたサウンドトラックが入っています。フィルムに音を焼きつけると、まちがいなく音と影像がシンクロナイズするからです。この技術が生まれるまでは、映画は音がつかない無声映画でした。これをサイレント映画とも呼びます。

無声映画のシナリオは、どんな物でしょう。サイレントの名作中の名作といわれるものに、伊藤大輔監督の『忠治旅日記』（昭和二）があります。伊藤さんはシナリオライターとしても監督としても、大変すぐれた才能をお持ちです。日本はフィルムアーカイブがずさんで古いフィルムがどんどん失われ、『忠治旅日記』も部分しか残っていません。しかし残っている部分だけでもすごい映画です。国立フィルムセンターにあるので、機会があればぜひ見てほしい。当時、サイレントのままでは物語が分かりにくいから、活動弁士という説明役がつきました。またかなり早い時期から、弁士とともに映画のための音楽を生伴奏する楽隊がついていました。弁士と楽隊をつけることによって、ヴィジュアル部分とサウンド部分をドッキングさせたのです。映画興行の初期形態です。ちなみに、平成七年から始まった京都映画祭では、必ずサイレント映画に弁士と楽隊をつけて上映します。当時の雰囲気を残し、形式を踏まえてきちんと見てほしいからです。楽器も当時と同じく三味線や太鼓を使います。フィルムは新しく焼くので物理的にはニュープリントですが、活弁と楽隊をつけて上映すると当時の映画興行の雰囲気が大変よく伝わります。第一回京都映画祭でも、『忠治旅日記』に、新しく作曲した現代音楽をつけました。ピアノ伴奏と映像がマッチして大迫力だった。あまり見事で、見ながら体が前のめりになりましたよ。あの時はすごく興奮した。

サイレント映画は無声なので、俳優さんがしゃべっても音は出ません。しかし画面に文章を映し出すことはできます。当時は、文章の表現力も映画作りの重要な要素でした。音がないことを逆手にとって文字表現を多用し、画面上できわめて文学的な表現をしています。もう編集ができるようになっていたので、被写体がいろんなことをする間に画面に文章を映し出し、物語を進めてゆきました。その文章の出し方自体にも、なかなかの名調子というよりないものもあります。ですから撮影の時はどんな科白をいってもいいのです。「おのれ、憎きやつ」というべきところでも「この莫迦野郎」と勝手なことをいっていればいい。

昭和一〇年頃になってほとんどの映画がトーキーになると、動作だけでなく「科白をしゃべる」というもう一つの肉体表現が使えるようになりました。トーキー時代の訪れとともに、サイレント映画になれた俳優さんに「科白」という新しい肉体表現の必要性が生まれたのです。ぼくにも経験があります。今から二〇年ぐらい前に『東京＝ソウル＝バンコック　実録麻薬地帯』（昭和四八）という映画を監督しました。日本とタイと韓国と香港の四カ国合作のアクション映画です。ロケーションも四カ国でやって、四カ国の俳優さんが出演しました。でもタイの俳優さんも香港の俳優さんも、科白を覚えようとしない。最初は理由が分からなくて、それでもとにかく覚えてもらいました。彼らは、きょとんとしながら何とか覚えてくれたけど、テンポも悪いし、科白まわしもどうにもならない。あとで聞くと、俳優と声優は別なのだそうです。声優がアテレコして音声を放り込む。そういえばブルース・リーもほとんど吹き替えだね。今はだいたい自分でしゃべるらしいけど、当時の東南アジアでは、俳優さんが自分の肉声で科白をしゃべるという段階ではありませんでした。

サイレント時代は、昭和五、六年から一〇年ぐらいにかけて徐々にサウンド時代に変わります。一気には変わらず、過渡期にはパート・トーキーといって部分的に音が入った映画も作られました。日本でも外国でも、サイレントからトーキーへの移行期に、サイレント映画のスターが何人も消えてゆきました。科白をしゃべるということは、科白を覚え、発声しなければいけないからです。役者さんにとっては大変な苦労だったそうです。良い例が阪東妻三郎さん。田村高廣さんや正和さんのお父さんです。名優である阪妻さんも大変な苦労をされました。「ここまでして役者やってもしょうがねえ」と思ったぐらい、科白を覚えるのはたいへんだったそうです。そして声。みんな、阪妻さんの映画はあまり見たことないだろうね。『無法松の一生』（昭和一八）にしても『王将』（昭和二三）にしても、まさに阪妻さんのイメージ通りの声だけど、阪妻さんの地声は少し高かったらしい。剣戟スターの阪妻さんが甲高い声では、阪妻のイメージがこわれます。声を出しても阪妻のイメージを持ち続けるためには発声方法を変えねばならず、とても苦労されたそうです。家じゅうの壁という壁にぐるりと科白を書いて貼ってあったとか、ライオンが吼えるような声が響いていたとか、逸話がたくさん残っている。それほど苦労されたようです。

トーキーはシナリオにも大きな変化をもたらしました。俳優さんがしゃべる部分をきっちり書き込む必要が生まれたからです。

2　映画表現の特性から見たシナリオ表現

映画シナリオの形態は、映画表現の拡大とともに表現の幅を広げながら完成され、今日に受けつがれています。それはシナリオが、あくまで映像化を前提に書かれた文字表現だからです。

映画シナリオは、映画作品ができあがって初めて完成するといえます。だから、映画表現の特徴を知らなければシナリオは書けません。メカに関する技術論も映画表現の重要な要素ですが、そこまで熟知せよとはいわない。けれどシナリオを書くために必要な映画表現の特徴を知らないと、すぐれたシナリオは書けません。これは断言できます。

▼新幹線の移動／時間と空間の限定

シナリオを書くための、あるいはシナリオ表現上の映画表現の特性はどういうものかをお話ししたいと思います。

例一。シンプルな例です。東京—新大阪を新幹線で移動すれば三時間かかります。空間的には五〇〇キロメートル離れている。新幹線は決められた線路の上を走るから、移動する場所は決まっています。東京から新大阪の新幹線の移動を映像で表現してみましょう。

撮影の基本単位はショットです。ショットとは、キャメラが回り出して、キャメラが止まるまでを指します。だからショットは現実の時間に対応しています。キャメラが回り出してキャメラが止まるまでが三分ならば、そのショットの時間も三分です。したがって、東京から新大阪の移動を連続して撮るには、三時間という現実の時間が必要です。三時間連続して撮影可能な機材を使い、三時間連続して飛行可能なヘリコプターに乗って、東京から新大阪まで五〇〇キロメートルという距離の間の新幹線の動きを追いかけると、三時間と五〇〇キロメートルという東京から新大阪までの現実の移動すべてを連続して映像化できます。しかしこの移動を、映像表現の特徴を使ってもっと端的に表現できないでしょうか。そのためには見る人が持っている常識を利用します。

東京駅を出発する新幹線、富士山を背景に走っている新幹線、そして三時間の時間経過を思わせるように光線に変化をつけて新大阪駅へ入ってゆく新幹線。最低この三ショットがあれば、東京から新大阪の新幹線の移動が表現できる。まず、東京駅を出発する新幹線は、一〇秒あればいい。富士山を背景に走る新幹線は三秒。新大阪駅へ入ってくる新幹線は、止まらなくてもスピードが落ちてくれば到着したと分かるから一〇秒。これで二三秒と三つのショットができあがります。編集方法さえまちがわなければ、東京駅・富士山・新大阪駅という時間と場所を切り取るだけで、三時間の時間が二三秒と三つのショットで表現できます。これが映像表現の非常に大きな特徴です。

例二。今度は、Aという男が新幹線に乗って、東京から新大阪まで移動する例を考えましょう。

Aという男が東京駅で新幹線に乗っている。この画を、東京駅を出発する新幹線と同ショットで撮ってもいいし、別ショットで撮ってもいい。別ショットだと簡単だね。そして富士山の横を走る新幹線。そこにAが乗っている。

あるいは乗っているAのバックに新幹線の窓外の風景が流れてゆく。Aが新幹線に乗車していることは説明ずみだから、Aと同時にバックに流れてゆく富士山を、ワンショットでつかめばいい。最後は新大阪駅に入ってくる新幹線。そこにAが乗っている。あるいは新幹線からAが降りてくる。これらのショットがあれば、東京駅から新大阪駅まで新幹線で移動するAを表現できます。

二つの例の共通点は、東京駅を出発して新大阪駅へ入ってくる、つまり両方とも、場所と時間が限定されているという点です。相違点は、東京駅を出発するのは新幹線だけなのか、そこに乗っているAという人物をつかまえる必要があるのか、ということですね。

例三。例二をさらに拡大させましょう。Aという男が東京―新大阪を新幹線で移動する。その移動の中でAがどういう人物かを表現してみましょう。Aは大阪大学を受験に来たとしましょうか。

新幹線が東京駅を出発して新大阪駅へ入る映像は必要です。例二ではAという男が乗車していただけですが、今度は大阪大学を受験しに行くことを表現しないといけません。一番簡単な方法は、彼が乗って参考書を読み始める、そこに阪大の受験票がはさまっているという表現だね。ではAはどんな性格か。参考書を読み始めたけれど、眠くなった。富士山を通るショットではぐうぐう寝ている。寝ている格好を見れば、本当に眠いのか、阪大なんてちょろいと思って寝ているのか、分かりますね。そして新大阪駅へ着いた。あわてて飛び出した。座席の横に一番肝心な参考書と受験票を忘れている。その忘れ物を一番最後にぽんと撮る。そういう画を撮れば、Aは相当おっちょこちょいで、きっと阪大を落ちるだろう、ということが表現できる。これでAという男の移動の目的と、Aという男がどんな男なのかが表現できました。そのためにはやはり、最初の三つのショットだけでは足りません。東京駅を出発する、富士山の前を通過する、新大阪駅へ着いた、この三ショットという限られた時間と空間の中で、ある表現をしなければいけなかったのです。

せん。

▼時間と空間の限定を文字で表せば

三つの例題を、文字で表現してみましょう。それぞれのシーンでは、時間と場所をきっちり決めなければいけません。

例一の場合。S#1（「S#」は「シーンナンバー」を表し、映画製作の現場で普通に使われる記号）、東京駅を出発する新幹線。S#1の時間は、東京駅を出発する新幹線が持っている一つの時間だけです。S#2、富士山を背景に走る新幹線。S#3、暮れなずむ新大阪駅に入ってくる新幹線。

例二の場合。S#1、東京駅を出発する新幹線。その車内に乗っているA。S#2、新幹線に乗っているAの背景を、富士山が流れてゆく。S#3、新大阪駅。新幹線が滑り込んでゆく。かばんを持ったAが降りてくる。

例二はこれで表現できます。これをどう撮るかは撮り方の問題です。

例三の場合。S#1、東京駅を出発する新幹線。車内でAがかばんから参考書を取り出し、必死の目つきでめくっては読む。そのページの中にはさまれている受験票。受験票を明示しようとすれば、受験票をつかみなおすとかしないと駄目だろうね。S#2、車窓を富士山が流れてゆく。いつのまにか気持ち良さそうに眠っているA。S#3、新大阪駅。新幹線が滑り込んでくる。あわてふためいて飛び出してくるA。Aの座っていた座席には、参考書と受験票までが忘れられている。これでAという人物がやや分かります。でもまだドラマではない。

例四としてドラマを考えてみましょう。東京駅を出て新大阪駅へ着くまでに、Aというあわて者の阪大の入試に来る目的を持った男が、Bという偶然となり合わせに座った女の子と仲良くなる、あるいは喧嘩をする。偶然となり合わせるということは、二人の間に何かが生まれる可能性があるのだから、この二人の間にお話を作ることも可能です。Ａのキャラクターはすでにだいたい決まっていますね。だからいま切り取った三つのシチュエーションの中に、Ｂという女の子のキャラクターを放り込めばいいのです。

二人の間に何があったのか。新幹線が新大阪駅へ着いた時、二人が手をつないで降りてくるか、そっぽを向いて降りてくるか。仲良くなるにしても喧嘩をするにしても、それなりのプロセスがあるはずです。つまりそこにストーリーが生まれてくる。そのプロセスやストーリーを創作して、同じ舞台設定の中で展開させればいいのです。新幹線に乗っている時間は三時間もあります。劇場用映画はせいぜい長くて三時間。さああなたは、この三時間にどんなドラマを書きますか。これがこの講義の試験問題、ってわけじゃないけどね。

客観的な表現は、演劇でも表現できますが、映像の方が表現しやすい。「今は富士山の前です」と科白で説明しなくても、富士山の映像を入れるだけでいいからです。しかし富士山の映像を入れることは、空間の飛躍を表現するだけではありません。それは時間の飛躍も示しているのです。

フィルムには、コマとコマの間に線があります。この線のところをはさみで切って、別の画とくっつければ、それで時間と空間を飛躍することができるのです。一コマの境界は線一本です。この線一本で、五〇〇キロも離れた東京駅から新大阪駅までという空間の飛躍をつなぐこともできれば、二時間、三時間と時間を飛ばすこともできる。映像で省略する場合、その間の時間はまったくありません。コマとコマの間の線一本で「あれから三年たちました」という表現ができます。これが映像表現の特性で、シナリオを書く上で非常に重要な要素です。

東京駅を出発する画に一〇秒。そこに乗っているＡを表現するには一五秒ぐらい必要かな。あるいは東京駅を出発する寸前にＡが新幹線に飛び乗りました。同時に扉が閉まりました。Ａのキャラクターを表現するには、自分の座席をきょろきょろ探させればいい。そこにＢがいれば、「そこはぼくの席です」とＡにいわせてもいい。Ｂが

「そんなことないわ、私の席よ」と確認したけどまちがっていた。するとAが憤慨して喧嘩になるかも知れないし、「いいですよ」と仲良くなるかも知れない。ちょっとしたエピソードを入れればそれでいいのです。これだけ描いても二、三分です。富士山の前を通過するまでの四〇分は、すぽんと抜かしてもいい。その間に二人の親密度を書き入れたかったら、どんどん書けばいい。つけ加えて書くとしたら、東京駅を出発してから富士山が見えるまでの間の出来事だね。そこのどこを切り取るかは、作り手次第です。切り取った部分は、現実の時間と場所とに一致します。飛び乗ってきて発車して、席を探して女の子と出会う。これはAが体験しているのと同じ時間だし、新幹線という限定された場所です。こうして切り取られた時間と場所が、映画における「シーン」です。一つのシーンで移動だけを表現するのなら、一ショットあればいい。東京駅・富士山・新大阪駅に一ショットずつ、合計三ショットで東京駅から新大阪までの移動を表現できます。もう少し複雑な表現をしたければ、いくつかのショットを撮る必要があります。できあがった映画は、いくつかのショットで一つのシーンが構成されています。

映画シナリオでは、いくつかのショットを撮ることによって「このシーンはこう構成されるだろう」と想定し、そのことを文字で表現するのです。シナリオ表現の基本は、どの時間のどの場所を切り取ってその中で何を表現するのか、ということです。これはシーンで作り上げてゆくことにもつながります。

第二節　戯曲とはちがう

1　『オイディプス』を上演した経験から

学生時代、「ギリシャ悲劇研究会」というグループを作って、日比谷音楽堂でソポクレス作の『オイディプス』

を上演しました。

『オイディプス』は、こんなお話です。場所はテーバイ。市民たちが現れる。疫病が蔓延して、国じゅうに死者があふれている。市民たちは神々に生贄をささげ救いを求めて祈ります。そこへテーバイ王オイディプスが現れ「おお、テーバイの市民たちよ」と呼びかけて、「わしはこれこれをなしとげてきた男、世に隠れなき人物だ」というようなことを、自らいいます。演劇の最大の特徴は科白です。何ごとも言葉で説明していく。昔テーバイの入口にスフィンクスという化け物がいすわって、町に入ろうとする旅人に謎をかけては、謎が解けないとその旅人を食ってしまうということがあった。折から通りかかったオイディプスがそのスフィンクスをやっつけて、空位だったテーバイの王になったのですね。

今度もオイディプスは「わしが必ず、皆を救ってやるぞ」と保証し、市民たちも以前のことがあるからオイディプスを信用する。「実はわしはすでに、わが義弟にして重臣たるクレオンをデルポイの神殿へつかわし、アポロンの神託をうかがわせている」と、オイディプスがいう折も折、クレオンが帰ってきます。クレオンは今頃何をしているか、なんて科白はない。たちどころにクレオンが帰ってくる。思いきって時間が省略されています。

帰ってきたクレオンは神託を皆に伝えます。オイディプスの前の国王ライオスは何ものかに殺害されたが、その犯人が断罪されることなく、いまだこの国で暮らしている、その不埒な男に神が怒り、災いが起きているのだそうです。聞いて、オイディプスは「よし、お前たち市民のために、わし自らその男を見つけ出し、裁きを与えて、神々の怒りを鎮めよう」と神に祈りをささげます。

犯人探しが始まりますが、探せば探すほど、その犯人はオイディプス以外には考えられなくなってくる。それどころか、先王ライオスは実はオイディプス自身の父親であり、ライオスの妻でもあった今の王妃イオカステは、実はオイディプスの母その人かもしれない、ということにもなってきました。オイディプスとイオカステの間には子どももいるというのにです。それでもオイディプスは、市民たちのために神々に立てた誓いを守り続け、犯人探しを推し進めます。

すべての事実が明るみに出る、その最悪の状態が目前に迫った時、王妃実は母親のイオカステは、誰よりも早く事実に気づいて、「もうやめて。それ以上知ることに、何の意味がある」と叫び、城のうちに姿を消します。けれど、オイディプスは止まらない。そして最後の最後、犯人はやはりオイディプス本人だということが判明します。オイディプスは先王ライオスの殺害者というだけではなく、実は父親殺しであり、さらには母親と交わって子どもまで生ませていたわけです。

かつてライオスに仕えていた羊飼いの証言で、一切が明らかになろうという時、その時刻を、われわれの上演では夕方に持ってきました。陽が暮れはて、夜が始まろうとしている。長い夜だ。自然光の変化を利用しながらサスペンス効果を入れようとしたんだけどね。

すべてが明るみに出て、オイディプスがけだものじみた叫びをあげ城内にとびこむと、そこではイオカステが首を吊って天井から揺れている。イオカステを下ろしたオイディプスは、先の尖った留め飾りをひきぬき、それでいく度もいく度も自分の両目を突き刺します。そのあと、あらかじめ犯人に下しておいた裁きの通り、テーバイの町から永遠に自分自身を追放します。こうして盲目のオイディプスは死ぬまで世界中をさまよい歩くことになる。

2　演劇は連続している

『オイディプス』という劇にはシーン分けがありません。芝居のあいだ時間は連続しており、その連続性を維持するために、――とぼくには思われますが、コロスと呼ばれる一種の合唱団を出してきます。コロス――コーラス、つまり合唱団ですよね。オイディプス自身は舞台を出たり入ったりはするけれど、コロスはずっと出ているのです。

古典ギリシャの芝居では、一つのドラマは一つの連続性のうちに成り立っていると考えられている。その場合、連続をもたらすものは、もちろん時間の経過なんかではなくて、一つらなりの強烈な因果関係です。ただし、その強度の高い因果関係が、分断されない時間連続の中に現れるなら、それはそれに越したことはありません。逆に、一つのドラマの中で、時間の連続を断ち切ってしまうとすれば、それは作劇が下手なのだと考えられていいでしょう。これがギリシャ演劇の原点です。

『オイディプス』には、現代いうような意味での幕間がありません。エペイソディオン、スタシモンといった「第一幕」「第二幕」などの「幕」を思わせるような場面分けは、ないことはないけれど、しかし「幕間」はない。『オイディプス』に幕間を設定することは、ちょっと考えられません。幕間がないということは、シーン的な設定ではないということだ。もちろん時間の飛躍はある。「羊飼いを探せ」と命令すれば、すぐに羊飼いが出てきます。スタシモンの区分けにせよ、このような都合の良い人物登場の間合いにせよ、時間の飛躍はあるけれど、『オイディプス』ではそれを飛躍とは見せず、飛躍になりそうなその時間断絶を、コロスがそれと気づかれずに補っていきます。このとき時間の推移は自然光によって表現されるよりないと、ぼくは思いました。時間の推移といっても、その時間は再構成されて作られているから、凝縮された時間の推移なんだけど。

日比谷音楽堂で上演した際には、芝居の始まりではまだ明るいので、何も照明を点けず、日が暮れ暗くなるにしたがって徐々に、お客さんには感じ取られないよう少しずつ、照明を点けていきました。ドラマが進んでクライマックスがきた時、一挙に真っ暗にしちゃって、オイディプスが目を突く時、こんどはスポットをあてました。ドラマに合わせて時間の流れを作るにしても、そういうふうに自然の光を利用するよりないだろうと思ったのです。演劇の中で再構成されている時間を表現するための、これは明らかに演劇的な表現だったろうと思います。

演劇は連続している、それに対して映画は断ち切ってゆくものだ。学生時代の『オイディプス』上演を思い返して、今のぼくが一番強く実感するのは、そのことです。

映画の場合、時間の推移や空間の移動に舞台表現のような連続性を与えず、断ち切った形で作ります。映画でも連続性は重視されていると思えなくもありませんが、それは実は映像の連続性であって、被写体そのものの連続性とは根本的にちがいます。映画表現の特性の一つは、ここにあるのではないか。

ちょっと見には連続しているようだけれど、実際にはたいへんな断絶が映画にはある。その極端な例として、たとえば京都とパリの間で国際電話をしている場面を考えてください。話して聞いて、たがいに電話をしているんだから、そのとき二人が共有している時間は切れ目なくつながっているように見えるけど、時差があるから京都は朝でもパリは夜です。距離を考えてみても、京都―パリですからね、とてつもなく遠い。でも映画では、この時間と距離の断絶が、フィルムのコマとコマの間にある一本線で分かたれているだけです。ほとんど連続しているが、実はきっぱり断ち切られている。誰にも違和感はないでしょうが、しかしそこには、これだけの時間と空間の省略があるのです。

あるいは回想シーン。一〇年前を思い出すと、一〇年前のことが一瞬のうちに映像になって出てくる。この場合でも、連続と見えるものが実は断絶を示している。映画は表現において、被写体さえ断ち切られるものである。演劇と比べて、そこに映画表現の特色を見出すことができると、ぼくは思います。

ただし、もう一つ、考えておきましょう。映画では、コマとコマの間にある一本の線で、一気に被写体を断ち切り、コマ一つで一〇年も前に飛ぶことができます。それをやってのけるための単位が、シーンです。けれど、コマの中に映る被写体は断ち切られこそすれ、たとえば電話をかけている主体、思い出している主体は明確にしておかなければなりません。そうでないと、この断絶は機能しないからです。演劇における目に見える連続性が、映画では目に見えない形で維持されている、ということもできるでしょう。

3 舞台は演じることで完成、映画は映像化することで完成

舞台と映画の一番大きな違いはなんでしょうか。

舞台は俳優さんが演じ、それがそのまま完成された表現になります。映画は俳優さんの演技を、被写体としてさらに映像化してゆきます。被写体として映像化する場合と、舞台そのもので表現することは、どう違うでしょうか。舞台の場合は、客席と舞台の距離は決まっています。映像化する場合は、キャメラが存在し、キャメラの目がある。キャメラが存在するということは、「フレーム」が存在するということです。映画ならばスクリーンサイズ、テレビならばテレビサイズ。見えるのはフレームの中に映っているものだけで、フレームの外にあるものは一切見えません。またキャメラの目を被写体に接近させることもできるし、遠ざけることもできます。フレームを利用して被写体にキャメラを近づければ、クローズ・アップになりますし、キャメラをどんどん離していって、被写体がほとんど見えないようなロング・ショットを撮ることもできます。クローズ・アップもロング・ショットも、キャメラの目が棄てようとしても棄てられない、この「フレーム」という限定された視野を利用したものなのです。

みなさんが舞台を見る時、舞台上に見える俳優の大きさを、無意識に変化させていることはありませんか。舞台に立っている俳優さんはいつも全身が見えているはずであり、いわばあくまでフルショットのサイズであるはずな

のに、ある時は俳優さんの顔がアップになって見える、ある時はその手の動きがアップになって見える。人間の目はズームレンズのように働くこともできるのですね。そうはいっても生理的な限界はあって、よっぽど前の方の席にいないかぎり、舞台の上で俳優さんが流す涙は、めったに見られません。そこからすれば舞台表現の場合、実際に涙を流してみせる演技はあまり重要ではない。演劇では、顔の細かい表情よりも、肉体全身で表現することの方が大切なのです。

肉体全身で表現することは映画の被写体にとっても大切なことです。けれど映画では、キャメラが自由に被写体に迫り、フレームによって、流れている涙を切り取ることができる。演劇ではさほど有効とも思えない演技を、映画はそれこそ効果的に利用することができるわけです。

能や狂言では、時間の推移と空間の移動は、様式化された約束事によって表現されることが多いようです。ある男が田舎から都へ出てきた。そのとき演者は、舞台を一周するだけで、時間の推移と空間の移動を表現します。能や狂言だけではなく、一般に舞台表現では、舞台の上の現実時間および現実空間と、再構成され様式化された時間推移および空間移動が綯い交ぜになって、ドラマの連続性を作りあげているといえましょう。

これはたしかに古典的な舞台表現にすぎないかもしれません。現在の舞台表現では、必ずしもこの通りではなく、たとえば「幕」が使用され始めてからは、場面の転換が行われ、時間の断絶も表現されるようになりました。しかし、古典的な表現の中にこそ、舞台本来の表現形式が見出されるといえるのではないでしょうか。

4　限定された舞台空間、具体的すぎる映像イメージ、そして科白

演劇との比較をさらに進めてみましょう。ただし、これはあくまで、シナリオ表現の特徴を理解するためです。

「シナリオ」は、映画の世界でも「脚本」と呼ばれることがあります。演劇の「戯曲」「台本」も、「脚本」と呼ばれることがある。同じように「脚本」と呼ばれながら、演劇の「戯曲」と映画の「シナリオ」が目指すものは、どの部分が同じで、どの部分がちがっているのでしょうか。

映画も演劇も同じ動態系で、しかも演劇には映画よりもはるかに長い歴史がある。映画のドラマ性はもともと演劇から生まれたといってよいでしょう。また、実際面でも、日本の劇映画を見ると、初期のものが大衆演劇からたくさんの素材を採り入れていることが分かります。素材だけじゃない。表現のあり方そのものにしても、演劇に根を持つものが映画には少なくありません。

劇作という点から見ても、演劇と映画は同じところが多い。どちらもストーリー性に富み、どちらも、物語を表現するために一番基本となるものは人間です。たしかに映画では、犬や狐など動物が主人公になることはありますが、これは擬人法というべきで、犬や狐に人間の思考や感性を人間が身勝手に設定しているだけのこと、これも基本にあるのは人間だと考えていいでしょう。物語の展開や論理性を伝えてくれるものが、俳優による肉体表現であるという点でも、舞台と映画は同じです。

舞台・映画どちらにとっても大切なことは、すぐれた肉体と表現力を持つ役者が、どういう役割の人物像を演じるかということです。どんなキャラクターが、そこの、このところで、何をするのか。そのキャラクターを登場人物として、しっかり位置づけること。たとえ役者がすぐれていても、これがあやふやで、どんな人間か分からなければ、伝わることも伝わってこない。こうしたドラマトゥルギー、つまり作劇術においても、舞台と映画にそれほどのちがいがあるとは思えません。

脚本作りという点から見れば、演劇と映画のもっとも大きなちがいは、舞台では空間が限定されている、ということです。

『オイディプス』では、すべてのドラマがテーバイの城の前という空間に限定され、場面転換はありません。宝塚歌劇は舞台転換をかなり行いますが、無際限ではなく、自ずから制約があります。舞台の場合、舞台に出ている人には舞台という空間しか与えられていないのです。

しかし映画は、場面選択が非常に自由です。スタッフと役者が好きなところへ移動すればいいのですから。

たとえば、映像で東京─新大阪の新幹線の移動を表す場合、新幹線はどこでもつかめます。富士山の前の新幹線でも、浜名湖の前の新幹線でもいい。見る人は移動の途中だなと想像がつきます。しかしたくさんの場面を入れるよりも、最も有効な場所と時間を切り取って入れることの方が大切です。制約の中で「これしかできない」という表現をする方が、そこにすべてが懸かってくるので、密度の高い画になります。したがってそのためには、どういう設定でどういうことを伝えたいかを、十分に計算する必要があります。むやみやたらに並べても、けっして有効ではない。設定が自由であればあるほど、設定を作る時に確実な計算を重ねて、慎重に選び出さなければなりません。

舞台表現と映画表現のもう一つのちがいは、映像は非常に具体性を持っているので、イメージを押しつけてしまうことにもなりかねない、ということです。観客に作り手のイメージがそのまま押しつけられてしまう。教室の中に座っている俳優と、ワイキキの浜辺に寝そべっている俳優。両者がつたえるイメージは大変にちがう。どういう空間に俳優がいるか。映画では、場所と人間の関係が非常に大きな意味を持っています。映画は舞台とちがってたいへん広い範囲で場面を選ぶことができるだけに、さまざまなイメージが作れます。さまざまなイメージの中から、否応なく一つのイメージを作りあげると、それがまた否応なく見ている人に押しつけられてしまう。

演劇では、たとえば椅子一つでもいい、それが王のすわる玉座にもなれば、海面にわずかに顔をのぞかせた孤島にもなる。舞台の上に、何もなくてもいいのです。映画では、こうはいきません。映像は、密度の違いこそあれ、具体的なもののイメージで満たされる。だからこそ映像はいろんなことを伝えうるわけですが、逆にそれが観客のイメージを制限することにもなる。イメージは映像表現にとってとても大きな要素です、というしかないでしょう。いくぶん諸刃の剣に似ています。

しかし、舞台と映画を比べて、どうしても指摘しておかなければならない重要なちがいは、両者ともに用いられている科白のうちに見られるのです。どういうことでしょうか。

人間の内面を表現するようなドラマ性が出てくると、舞台も映画も言葉を必要としてきます。科白は、映画でも舞台でも、非常に大きな要素です。

舞台で最も重要なのは科白です。演劇の長い歴史を見れば分かります。ギリシャ劇は文芸学の対象になるぐらい、ほとんどが言葉による表現です。舞台俳優の上手下手は、科白まわしの良し悪しで決まってしまうところさえある。演劇は場面が限定される上、他の表現方法が少ないから、言葉で伝えることが重要になるのです。

テレビドラマは舞台に似ています。初期のあるテレビドラマの話ですが、事務所のシーンに続いて、次は自宅のシーンでした。事務所での芝居が終わると、キャメラが待っている自宅セットの場所まで、同じ俳優が移ってくる。その間しばらくは別の映像で時間をもたせ、自宅に現れた俳優は、「事務所から走ってきたんだ」と科白をいうのです。そのころのスタジオドラマは、すでにお話ししたように編集ができませんでしたから、走る映像は使えません。それで「走ってきた」という科白で説明するわけです。これがもし映画だったら、走る映像を入れて、自宅へ着いた時に息を切らせればいい。わざわざ言葉で説明する必要はありません。テレビが舞台に似ているというのは、こうしたことがあるからです。舞台の上で走っている姿を見せる演劇も稀にはありますが、たいていは科白で説明します。空間が限定されているから、科白が大切にならざるをえません。

先ほど申しました能や狂言の舞台は、もっと極端だといえるでしょう。舞台装置は何もなく、能舞台という空間だけがある。舞台しかない空間が、都の街角だったり田舎だったりするのは、科白が「これより近江から都へ参ろうと存ずる」なんて、場所を語ってくれるからです。そして舞台を一回りすれば、空間が動いて、登場人物は近江から京都へもう到着してる。俳優の演技の中核になっている言葉が、あらゆることを説明する。

芝居に造詣の深いあるフランス人が、演劇はスペクタクルをともなう言葉である、と書いているのを読んだことがあります。言葉が第一であること、これが洋の東西を問わず、演劇が映像表現と極端にちがうところです。

映画にも舞台の名科白が使われることはありますよ。『月形半平太』って知ってる？　月形半平太という勤皇のおさむらいが、芸妓と二人で歩いている時、刺客に襲われる。ぱんぱんとあざやかに片づけると、折から三条河原に小雨が降ってきた。芸妓がいう、「月さま、雨が」。月形半平太、剣戟のあとなのに息も切らさず平然と、「春雨じゃ、濡れて行こう」。舞台なら名調子だけどね、映像の場合、「月さま、雨が」っていう時には、もう降っているわけだ。そのあとで「春雨じゃ、濡れて行こう」っていっても間が抜けているよな。こんなふうに、名科白だけどマヌケな印象しか与えない場合もある。映像はそれほど具体的に空間の状況を表現してしまうということです。

こういう場合、科白はいらない。どうやって傘を差し出し、どうやってかざすか。そっちを工夫する方が、見ている方は情緒を感じて納得もするでしょうね。いいかえれば映像は、言葉以外の表現方法でとても多くのことを表現することができるということです。

第三節　シナリオ表現の特性

具体的に理解してもらうために『８９３愚連隊』（昭和四一）を持ってきました。三〇歳ぐらいの時にシナリオを書いて作った映画です。シナリオ構成が非常に単純で、お話の材料にしやすいからこれを使います。シナリオを読むより先に映像を見てもらって、それをもとにいろいろとお話ししたいと思います。シーンに気をつけて「これがシーンという単位だな」と思いながら見てもらえればありがたい。分からなくてもいいですよ。ともかくざっと見ていただいて、その上で説明をしたいと思います。

『８９３愚連隊』ビデオ上映

１　シーンの設定

映像の基本はショットですが、映画作品を構成する基本単位はシーンです。シーンの展開はよく見なければ分かりません。よく見なければ分からないのが本来のシーンのあり方だから、シーンの転換がことごとく分かる作り方は、上手な作り方とはいえません。一連のエピソードを語る時には、「ここからここまでが一つのシーン」と分からないように、映像が全体的にスムーズに流れるように撮ります。ここで明らかに変わりますよという時には、「ここから別のシーンになるのだ」とはっきり分かるように撮る。シナリオに書いてなくても、演出でこうしなければなりません。だから、映像の元になっているシナリオをどう理解するかが大切なのです。

▼『ふたり』

シナリオと演出の関係はいろいろあります。シナリオの場合はワンシーンごとをしっかり構成しなければいけません。シーン設定の基本は、先ほどお話しした東京―新大阪の新幹線の移動です。これさえ理解してもらえれば、シナリオ形式の基本は分かります。

昔これを利用して、テレビドラマのシナリオを一本書きました。NHKの芸術祭参加作品『ふたり』です。この頃テレビは、外の風景を入れる編集ができるようになっていました。ある意味で映画に近い制作ができるようになった時期でもありました。『ふたり』では、シナリオだけを担当しました。高度成長がくる前の時代に、集団就職で都会へ出てきたような男と女が結婚する。けれど、新婚旅行の間に二人の心の中にひめていた思いが表れてきてしまう。そして二人はどうなるか。それを描いたドラマです。

当時の新婚旅行は、瀬戸内海航路で神戸から別府へ行くのが流行でした。だから、神戸を出て別府へ着くまでの一晩の話に設定した。夕方の明るい時間に神戸港でテープを投げてもらって、翌朝に別府へ着く。二人とも平凡で、あまり豊かではなく、美男美女でもありません。新婚旅行だけどつつましく節約して四人部屋を取った。二人はとても仲睦まじくて「愛してるわ」なんていってるけど、腹の中にはそれぞれ思いがある。そこで新婚の二人はどうなってゆくのか。

二人とも過去を思い出します。けれど回想形式はなるべく使わないようにして、具体的な二人のお芝居で表現しようと思いました。船にはいろんなスペースがあります。船室、バー、人気のない夜のデッキ。こういう空間を利用しました。

このお話を書こうと思ったのは、当時は男も女も上昇志向だったからです。『８９３愚連隊』に「殿さんの子やないと殿さんになれへん」という科白がありますが、世の中は安定してきたのに理想だけは高い。周囲が豊かになってきた。そこで、自分を周囲の豊かさよりもワンランク上に置きたくなる。では、豊かさとは何なのだ。男にしてみれば見目うるわしいいい女、その美女がお金持ちならなおいい。女にしてみれば頭がよくて背の高い二枚目で、大金持ちの御曹司。男も女も、それがあれば自分は幸せになれると信じている。でも、もう少しランクを下げてもいい。二人はこれを繰り返して、だんだん相手のランクが下がってきた。そして気がついたら、お互いぼちぼちの相手と結婚していた。けれど相手にそれは知らせない。こういう状態がふと表に出てしまった時、一晩の新婚旅行の船旅で二人はどうにもならなくなる。そういうドラマが書きたかった。

二人は別府を降りる時に別々に降りてきます。一緒のままでその危機をどう乗り越えるかというドラマにもできたけど、それでは嘘くさい。NHKさんとはもめたけど、ハッピーエンドにはしませんでした。結果は作り手の思い入れにすぎないのだから、どっちになってもかまいません。

このドラマには、どうしても限定された時間設定が必要でした。だから新婚旅行の船旅を舞台にとったのです。空間も船の中に限定されれば逃げ場がないからね。

時間と場所を限定し、その中のどういう時間・場所をピックアップして、そこで何をさせるか。これがシナリオを構成の基本です。そして時間と場所の選び出しが、シーンになるのです。時間と場所を切り取り、その一つ一つのシーンの中にどれだけ自分の表現したいことを書き込むか。これができればシナリオは書けます。そしてそれが映像になる時にどうなるか。あとは内容次第です。

例にあげた新幹線の移動や『ふたり』は映像作品がなくてお見せできませんが、その延長線上に映画が存在します。この基本形を覚えておくと、シナリオを書く時に応用できます。シーンとは何かをしっかりと覚えておいてください。シーンを積み重ねることが、シナリオ形式の基本です。

▽『あゝ同期の桜』

『893愚連隊』の翌年、三二歳の時に『あ、同期の桜』（昭和四二）を作りました。二本ともモノクロ映画です。劇場用映画は六一本作りましたが、モノクロはこの二本だけです。この二本がモノクロ作品になったのには、それぞれ事情があります。

『893愚連隊』がなぜモノクロかというと、完全なドキュメンタリータッチにしたかったからです。当時の東映京都撮影所は時代劇しか作らない撮影所でした。ぼくも助監督時代は全部時代劇のアシスタントでした。監督になってどうしても現代劇を作りたくて『893愚連隊』を企画しました。ところが撮影所には、現代劇のセットを作るノウハウがありませんでした。だから思い切ってドキュメンタリータッチにした。そうするとライトの制限もあるし、自分で出した企画なので予算も安かったこともあるしで、白黒にせざるをえませんでした。

『あ、同期の桜』では、冒頭の神宮外苑の壮行会や映画のあいまにはさまってくる戦闘場面、そして最後の特攻機の突っ込みがすべて実写映像です。アメリカが撮った画もあれば、日本が撮った画もある。こういう映像は撮りえないので、最初から実写を使う予定にしていました。すべてニュースフィルムで、権利を買って使用しています。これらがモノクロ映像なので、作品全体の整合性を考えるとモノクロ映像で通した方がいいだろうということになりました。

『あ、同期の桜』は戦争末期のお話です。主人公は君たちとほとんど同じ年齢の文系の大学生たち。当時、理系の学生は兵器を作る研究をしていたから徴兵が猶予されましたが、文系の男子学生は、それまでも徴兵が猶予されてはいたけれど、日本の敗色が濃くなってくると繰り上げ卒業をさせられて、学徒兵として全員軍隊に放り込まれました。昭和一九年の秋に軍隊に放り込まれ航空隊に配属された学生を第一四期飛行学生と呼びます。大学出身だから基礎勉強はしているだろうから、促成栽培で飛行機に乗せちゃえ、というやつです。彼らは昭和二〇年の沖縄戦から始まる最後の戦いで、特攻隊となって体当たり攻撃をやらされました。戦争に矛盾を感じていた学生もいました。お国のために喜んで死んだ人はあまりいません。祖国のため、家族のため、恋人のため、妹のため、そういった中に自分の死ぬ意義を見出しながら、ある者はあきらめ、ある者は七転八倒して死んでゆきました。

多くの学生が手記を残しています。その一つが「あゝ同期の桜」という飛行学生の手記です。特攻隊になった学生の遺稿をもとに、いろんな芝居が書かれています。

この映画も、昭和一五年の秋の神宮外苑の実写から始まって、特攻として突っ込んでゆく約一年たらずの間を追いながら作りました。海軍兵学校で三年勉強したら士官になれる。海兵団は、海軍の初等教育機関です。戦争末期で時間がないから、とりあえず促成栽培されて、専門コースに入る。それが飛行機だったり船だったり、主計（旧陸海軍で会計や給与を司った武官）だったりする。その教育が終わると基地へ配属される。特攻機を見送る基地は九州の南の方、出水や鹿屋にありました。特攻基地が南にあるのは、南方戦線に最少の燃料で行くためです。敵に体当たりして帰還しないから、航空機には行きのガソリンしか積んでいません。その主力が九七艦攻でした。撮影当時はそんな航空機はまったくなかったので、撮影用に三機つくりました。

この作品は時間の推移にともない、場所もはっきりと変化してゆくので「これはこういうシーン、これはこういうシーン」と分かりやすいと思います。

では、予習はこれぐらいにして見ていただきましょう。

『あゝ同期の桜』ビデオ上映

ごらんになって、シーンとは、限定された時間と場所の中で、出来事の一つ一つをきっちりと押さえてゆくものである、ということがお分かりになったと思います。

2　シナリオ表記の約束事

これが『８９３愚連隊』のシナリオです。みなさんはすでに映画を見ているので、イメージが固定化されてしまっているかも知れません。けれど、文字表現の段階ではどうなっているのかを知っていただくために配布しました。ざっと見てください。1から84まで数字がつけられていますが、その一つ一つがシーンです。

この本の七七ページからのシナリオを参照してください。1から84までが、それぞれのシーンナンバーを示します。S#1の場合、この数字に続く「京都の全景」という部分が場所の表記です。ぼくはシーン指定と呼んでいます。時に「10　暮れなずむ京の街」「14　夜の道」というシーン指定がありますが、シーンは「ある場所」であると同時に「ある時間」でもあります。シーンとは「ある一定の場所と時間」という限定されたものだということを分かってもらえれば、こうした表記の持つ意味が理解してもらえると思います。

S#16の最後に「Ｆ・Ｏ」とあるのはフェードアウトのことです。画面が徐々に暗くなって映像が消えてゆく手法をフェードアウトと呼びます。S#83の最後にも表記されています。映画では、S#16ではＦ・Ｏしましたが、S#83ではしませんでした。S#83では、Ｆ・Ｏではなくストップモーションを使用しています。覚えていますか？

いずれにせよこうした映像表現の手法は、監督の選択にまかせられるのが普通です。けれど、シナリオ執筆時にイメージしたことを文字化しておくのは、執筆者の自由です。ほかにもこうした映像表現上の手法はいくつかありますが、それについてはあとでお話しすることにいたします。

とにかくシナリオを読んでみてください。読みながら「なぜこんな表現をするのか」「なぜこんなシーンの積み重ね方をするのか」などなど、疑問があればメモしておいてください。

3　シナリオが劇映画でしめる位置

映画を作るプロセスの第一は、どういうものを作るか、作りたいかをはっきりさせることです。商業映画を作る場合も、自主作品を作る場合も同じです。最初にどういうものを作るのかということを明確にしなければ、作業に方向性が出ずどうにもならない。最初にどういうものを作るのかを明確にし、方向性を明確にしなければなりません。どういうものを作るかを明確にした上で、劇映画の場合は、シナリオを書く段階で表現のディテールを決めてゆきます。

映画は「やらせ」の集積です。ことに劇映画はあらゆる「やらせ」を取り入れて作ります。最大の「やらせ」は被写体を作ることです。劇映画に対して「記録映画」と「報道」は、現実に存在する被写体を記録することです。映像には記録という非常に大きな能力があります。記録するということは、存在する被写体の意味を的確に映像で記録するということです。これが「記録映画」と「報道」です。

ところが劇映画は、被写体を作る作業から始まります。ここが記録映画や報道と根本的にちがうところです。存在しない被写体を、まず作るところから始まるのです。被写体は、作り手の考え方から生まれます。被写体には明らかに、作り手の意思や意図が明確に入ってゆきます。劇映画では、被写体を作る作業で徹底的に「やらせ」を行います。その第一歩がシナリオです。シナリオは映画になって初めて完成品になりますが、映画にするためには被写体を作らねばなりません。この点からすれば、シナリオの本来の意味は、被写体をどう作ってゆくかというところにあるといえるでしょう。どう撮影するか、どうフィルムに収めてゆくかは撮影段階の作業です。手始めに、まずシナリオがあるのです。

シナリオは文字表現です。シナリオが文字表現であるということは、何を意味しているのでしょうか。文字は読者のイマジネーションによってふくらみます。しかし映像はたいへん具体的です。「赤い花」という文字を映像化すると、必ず「赤い何かの花」になります。作り手が、赤いチューリップの花や、赤い薔薇の花にしてしまうからです。大輪か、小ぶりか、映像化された段階で、これらがすべて具体的になります。具体的になるということは、感覚的になることでもあります。シナリオに「赤い花」と書かれていたら、映像化されると「赤い大輪の薔薇の花」になります。作り手が被写体を選択した段階で、自分のイマジネーションを見る者に視覚的に押しつけ、見る者はイマジネーションをふくらませる余地をうばわれます。映像は感覚的に連続してとどくため、見る者が一つ一つを分析する余地はありません。映像を次々と連続して送り出せば、ある意味がきわめて具体的に伝わります。編集で見る者のイマジネーションを拡大することも、限定することもできるのです。

映像は、作り手の選択や作り上げによって、個別的にも限定的にもなります。作り手のやらせを、見る者に押しつけることが可能なのです。劇映画はそれを利用しています。

作り手の意図を伝えるための最初の文字表現がシナリオです。映像は具体的ですが、文字は映像とちがって抽象的・論理的な事柄を的確に伝えることができます。シナリオ段階で、その作品の論理部分がほとんど決まってしまいます。だからシナリオ段階では文字表現が有効なのです。シナリオは映画の青写真であると同時に、作品の論理的な部分が決まるところのものでもあります。でもシナリオは論理だけを追っているのではありません。シナリオは映像化することが前提だから、論理部分も含めて映像化に対応できる書き方をしなければなりません。論理に説得力があり、映像化に対応できる、この両面の相まったものがいいシナリオです。感覚的には面白そうだけど論理的には滅茶苦茶なシナリオは、けっしていいシナリオではありません。ストーリーに合った被写体を作るためには、登場人物のキャラクター、動き、葛藤を表現する必要があります。シナリオは、それらをふくむストーリーや映像展開の論理を決めてしまうのです。いいシナリオから悪い映画ができる比率は低い。でもシナリオが悪ければ、いい映画は絶対に生まれません。シナリオの根本にある論理が不安定ならば、いい映画は絶対にできません。ワンショットごとは良くても展開の仕方が面白くなければ、どんなすぐれた作り手が作っても面白い映画にはなりません。

シナリオを書こうと考える人はたくさんいます。とりあえず書いておいて、あとは撮りながらどんどん変えてゆきますという。けれど撮りながら変えられるのは、末梢の部分だけです。撮影しながら基本論理を変えたら、わけが分からなくなる。若い人達の作品でわけが分からないのが多いのは、最初にきちっとしたシナリオを作っておきながら途中でいじくり回して、自分でもわけが分からなくなるからです。人間はおかしなもので、今まで考えに考えて出てきたものよりも、ふと思いついたものの方が新鮮でいいような気がする。そしてそっちへ走っちゃう。映画製作は一日や二日で終わらないから、自分の中で一生懸命に固めたイメージも古びてくる。そこでふと思いついたイメージが新鮮に思え、そちらに走ったあげく、結果がばらばらになるのです。これはしっかりした被写体を作るということ以前の問題です。感覚的にこっちの方がよさそうだとか、こっちの方が新しそうだとか、その程度のことで方向転換すると、ばらばらになります。

基本はすべて、シナリオがしっかりしているかどうかです。「しっかりしてるかどうか」を言葉でいうと、内容がしっかりしており、それをどのようなしっかりした語り口で描くか、ということになります。たとえばミステリー映画の場合、初めから犯人が分かっていたらミステリーにはなりません。犯人をどういう段階で、どういう風に出してゆくのか。そのことによってどうミステリー性が生まれるのかが重要です。サスペンス映画の場合、どういう状況をどう積み重ねればサスペンスを高めることができるのか。これをシナリオ段階できちっと作ることができれば、シナリオはねらいを外しません。自分が作りたい方向性にきちっと位置づく形で論理を組み立て、どういう語り口で展開させるか。これがシナリオ作りの基本です。

4 語り口——キャラクターの創造と作り手の視点〔刑事ドラマの場合〕

ストーリーのパターンをつき詰めると少ししかありません。恋愛ドラマだと、男と女が好きになりました、あるいは別れました、だけ。それより、どんな男とどんな女なのかというキャラクターが大切です。キャラクターを魅力的に作ること。これは映画も演劇も同じです。

次に大切なのは、お話をどの登場人物に仮託して進めてゆくかということです。登場人物が二人いれば、どちらの視点からお話を進めてゆくか。簡単にいうと、作り手の視線を誰に置くかということです。

刑事ドラマの多くは、刑事が犯人を追いかけるお話です。ある事件が起こりました、さて犯人は誰でしょう。この場合、作り手の視点は、犯人を探す刑事に置かれています。つまりミステリーですね。では、視点を犯人に置いて犯人側から描けばどうなるでしょう。いつばれるだろう、いつ捕まるだろう。これはサスペンスです。

同じ事件と同じ登場人物なのに、作り手の視点の置き方によって、ミステリーにもサスペンスにもなる。簡単な例ですが、作り手の視点をどこに置くかという重要性が分かっていただけると思います。視点をどこに置くかは、映画でも演劇でもテレビドラマでも、劇作ならば基本的に一緒です。そしてこれが、語り口になるのです。

情景描写というものがあります。シナリオに「血のように赤い夕日」と書いてある。これは単に赤い夕日を撮れといってるんじゃない。それまでにあったドラマの余韻を残せといっているのです。たとえばアクション映画だと、その前に展開していたアクションの激しさを、血のような赤い夕日でさらに高めてゆく。これは映像だからできることです。

映像にはこういった、言葉や肉体表現以外の情景描写がいくつもあります。たとえば力のある状況を説明したい時は、蒸気機関車の動きを放り込む。するとそのワンカットが、非常に力のあるものになる。映っているのは単なる蒸気機関車の走りだけれど、実はこれが、その前に展開した人物の心境表現になっている。これが映像表現の強みです。

舞台表現と映像表現のちがいをいくつかあげましたが、同じ劇作で同じ素材と登場人物を扱っても、舞台表現のために脚本を書くことと、映像表現のためのシナリオを書くことでは全然ちがいます。このちがいをしっかり把握しておかないと、戯曲らしい戯曲、シナリオらしいシナリオの特徴は出せません。

映画シナリオを書きなれない人は、すべてを科白で説明しようとします。不安だから、科白で説明しようとするんだね。ところが映画で一番つまらないのが説明部分です。科白を使うなということではありませんよ。真っ暗な洞窟で何も見えなければ、科白で説明したらいい。でも科白だけにたよらず、映像表現を駆使して説明した方がいいのです。場面の選択は自由ですが、選択は的確でなければいけません。

映画シナリオの特性をつかんでください。これを知っているか知らないかでは随分ちがいます。天才でないかぎり、映画表現の特徴をシナリオ表現に生かして作業しなければなりません。すぐれたシナリオライターは、それが非常に上手です。

第二章　シナリオを書き始める前に

第一節　シナリオ制作第一期

1　企　画

『893愚連隊』と『あ、同期の桜』は内容がとても対照的です。同じ人間が作ったので、画のつながりなど手法的な点は似ているかも知れませんが、素材は非常に対照的です。このほか五九本の映画を監督しましたが、いささか無節操なぐらいにジャンルが多岐に渡っています。だから、いろんなケースに遭遇してきています。

これからお話しすることは、ぼく自身のシナリオを書いた体験をもとにしています。そういう意味では非常に個人的な体験で、個別の事情やプロセスがふくまれます。しかし多くのライターも、個人差はあるにしても同じ体験をしていると思います。非常に長い間この仕事をしているので、ある意味での一般性はあると思います。

映画を作る最初の段階を「企画」といいます。どういうものを作ろうかということですね。これもいろんなケースがある。

『893愚連隊』は、こういうケースでした。二九歳ぎりぎりで監督になって、倉本聰にシナリオを手伝ってもらって山田風太郎さん原作の『くノ一忍法』を映画化した。変わった素材を扱った新奇さも手伝って、わりとお客さんが入りました。続いて同類項の映画を作れといわれ『くノ一化粧』を作りました。「くノ一」シリーズは当時の新人にしてはめずらしくカラーで、予算もわりともらえた。同じような映画をさらにもう一本やれといわれたけど、堪忍してもらいたかった。次に、『瀬降り物語』を映画化しようと倉本とシナリオを書いて、クランクイン寸前までいきましたが、会社の製作ラインと合わずに、途中で中止命令くらってぼつになった。『瀬降り物語』は昭和六〇年に映画化できましたが、あの頃は自棄になって、企業では思ったものが作れないから会社やめようかなと思いました。でも、友達に短気を起こしてもしようがないといさめられ、とにかく何か作ろうと、前からやりたかった現代劇のシナリオを二本書きました。一つは、大阪のあいりん地区に二週間とまり込んで書いた『通天閣の兄やん』というシナリオでした。シナリオ書いて持ってゆかないと、「こんな内容です」と説明しただけでは誰にも信用してもらえないからね。でも、二本ともまったく相手にされませんでした。そこでもう一本『893愚連隊』を書いた。

タイトルに「原作」と出ますが原作はありません。取材させてもらった人におカネを払いたくて「原作」とクレジットして取材料を出しました。映画の中にバキュームカーの運転手役のおっちゃんが出てきただろ、彼が自称愚連隊、つまりまあ原作者です。ロケーションの現場で人さばきをしてゼニをかせいでいた。助監督は自然とそういう連中と接触を持ちます。実際には映画に出てくるような愚連隊はいませんが、暇な時に話してみると生態がすごく面白い。彼には二、三人の友達がいました。住んでいるところに行って話を聞き、とくに独特の用語を採録した。取材には時間をかけて一〇回ぐらい行きました。全部京都で撮ろうと決めて、シナリオ化しました。企画書を飛び越えてとにかくシナリオ化した。『893愚連隊』はこうしてできました。

『あゝ同期の桜』はまったくちがうケースです。東映からきた話だけど、ぼくもこの映画への思いがとても強かった。というのは、一四期予備学生の一人に和田稔さんという学生さんがいたのですが、その妹は若菜ちゃんといって、ぼくの高校の同級生で、お兄さんの話もよく聞かされていたからです。「あゝ同期の桜」には和田稔さんの手記が載っています。和田さんは東大法学部の学生で成績はトップでした。海兵団に入りましたが、この戦争は正義の戦いだろうかと疑問を持っていた。けれどとても真面目で優秀だから、海兵団の成績もトップでした。トップになるということは、死が一番近いということです。死が間近に迫ると分かっていながら、やっぱりトップになってしまう。彼には恋人はいませんでしたが、「わが妹、若菜よ」といろんな手紙を残しました。若菜ちゃんとは今でもおつき合いがあります。先日も本を送ってくれました。「おにいちゃんが夢に出てきます」と手紙をくれたりする。自分の思いの中に深く深くきざまれているんだね。ぼくは和田さんの次の世代の人間だけど、死んでいった人たちへ何かを思って、何とかしたいと思った。気障ないい方だけど、これを作らないと死に切れないと思いました。だからこっちからも随分はたらきかけました。

「あゝ同期の桜」は、学業を終えて軍に入れられた一四期の人たちの遺稿集です。これをもとにして、シナリオは須崎勝弥さんと共同で書きました。戦争当時ぼくは小学生だったから、海軍の飛行機乗りはどんな訓練をして、どんな経緯を踏んだのか知る由もない。けれど須崎さんは一四期飛行予備学生だったので、熟知していらした。

二カ月ぐらいかけて、いろんな取材をしました。映画の中で西村晃さんが身分の低い兵隊さんを演じていますね。あれは実は晃さんも一四期飛行予備学生です。映画の中に南條少尉が学生結婚するエピソードが出てきましたが、あれは晃さんの実話です。スカーフやぶいてウェディングドレスにするなんてちょっと気障だけど、晃さんの経験談です。

晃さんは出撃して奄美大島まで行きましたが、天候不良で全機引き返せと命令が出た。そして次の出撃命令が出る前に終戦を迎えたので、生き残りました。

中には一機だけで帰って来た人もいる。冷静な人ですね。このまま行っては犬死だと判断して引き返して来た。すごい決断です。日本の軍隊は神憑り的だからそういう正当性は認めません。一度出撃した者が帰って来ては困るのです。こういう風潮は戦争が始まった直後からありました。南雲忠一率いる連合艦隊がパールハーバーに奇襲攻撃をかけ、特殊潜航艇が攻撃するんだけど、一〇人乗っていたのに戦死者は九人しか発表されなかった事実があります。発表されなかった一人は、生き残って捕虜になっていたからです。これは終戦まで完全にふせられて、誰も知りませんでした。九人の戦死者は軍神と呼ばれました。これは特殊潜航艇の効果をアピールするための軍部の工作です。

戦争は本当に非情だからその中に救いを求める方が無理だけど、ああいう時代に遭遇して葛藤しながら、それでもそう生きるしかなかった人たち。小学生であの時代を体験し、父親が戦死したぼくにとって『あゝ同期の桜』はさけて通れませんでした。

完成作品に会社がクレームをつけました。反戦思考が露骨に出すぎるという理由です。そして二〇〇〇フィート近く切れと命令されました。二〇〇〇フィートは二〇分にあたります。だから最初のヴァージョンは、現存作品よりも二〇分長かったのですよ。屈辱的で腹が立ってたまらず、長いあいだ作品を見たくもありませんでした。だけどついこの間、ビデオを送ってもらったので見なおしてみました。時代が変わったのかなあ、あの頃は切りすぎてたよりないと思ったけど、今の時代ならこの程度でもいいと思いました。

2 取材――素材を熟知すること

シナリオを書く時には、材料を集める取材がとても大事です。映像はたいへん具体的なので、その準備段階として、これから描こうとする素材に関して、徹底的な取材と資料調べをする必要があります。本当に分からないうちは、抽象論は書けても絶対にシナリオは書けません。シナリオ書きは創作ですが、人間の創作力なんてしれています。知らないことは書けない、だから徹底的に知るべしと頭にたたきこんでください。

当事者がおられたら必ず取材します。経験者や周辺にいた人をさがしあて、直接お話を聞くことも大切です。これをしないとスタートできない。当事者がいなかったり、亡くなっている場合は、資料調べでおぎなう。一番望ましいのは、資料調べと取材の両方ができるケースです。

その上でシナリオのためのハンティングを行います。『あゝ同期の桜』の場合、舞鶴の旧海兵団に行きました。海兵団は横須賀もありますが、京都から近く雪景色もある舞鶴にしました。九州の出水など飛行場が畑や田圃になったところもありました。大切なのは、その土地に行って自分の目で見てくることです。出水は町中を見てまわり、撮影にとてもいい場所だと分かってロケ地に選びました。

取材、資料調べ、シナリオハンティング。シナリオは、この三つをしなければ具体的に書けません。

取材例をあげてみましょう。暗殺が主題の映画を作りました。『日本暗殺秘録』（昭和四四）です。ドキュメンタリー風にしたかったけど、完成作品は大きく方向転換してオールスター映画になりました。

まず、笠原和夫さんと素材さがしに出かけました。笠原さんは「仁義なき戦い」シリーズを書いたたいへん優秀なシナリオライターです。最初はほとんど手掛かりがなく、とりあえず社会党委員長の浅沼稲次郎を壇上で刺し殺した山口二矢についての取材を申し込みました。これが取材のとっかかり。有名な右翼にも取材しましたが、まったく相手にされなかった。でも右翼の体質は分かりました。少し途方にくれて、「水戸へ行ってみよう」ということになりました。水戸はテロと関わりの深い土地で、赤穂浪士も常陸の笠間藩が赤穂へ転封されたものですし、幕末に次々と起きたテロ事件、また二・二六事件や五・一五事件の引き金の血盟団事件も、水戸で組織が結成されたものです。だから水戸にヒントがあるかも知れないと思った。

血盟団事件のスローガンは「一人一殺」。井上日召という日蓮宗のお坊さんがかつて水戸にいました。彼は右翼で、当時の腐敗した日本の政界や財界の要人たちを、一人で一人を殺す「一人一殺」という思想を出しました。井上日召自身は腐敗した体制を破綻させ、新しい体制を作ろうと考えたのです。その理論的指導者は北一輝でした。北一輝は二・二六事件のあとで銃殺されましたが、『国家改造法案』という膨大な本を残しています。孫文と広く交流があったようで、中国革命を志していました。しかし北は、左翼ではなく右翼の革命を目指しました。左翼革命とは、天皇制を破壊して社会主義を目指すものです。共産党が経済も政治体制も統制します。一方、右翼革命とは、天皇制のもと国家社会主義を目指すものです。当時日本は満州事変を起こし、中国大陸へ攻めこんでいました。満州事変の直前の日本は、金融恐慌下で非常に不景気で、東北の人たちなど娘の身売りまでしなければ食ってゆけなかった。これを憂いた人たちが、今の体制では駄目だから指導者たちを「一人一殺」して、破壊のあとに新しい国家を作ろうと思った。これが二・二六事件、五・一五事件に先がけて起こった血盟団事件です。実行した人たちは利用された側面もあります。

東京で血盟団事件の生存者に会えました。小沼正さんといって、井上準之助（当時の大蔵大臣）を暗殺した人です。出所して六〇歳をこしていました。笠原さんと取材を申し込んだけど、けんもほろろ。だけどとにかく「三日通おう」と決心し、三日目に、おまえらよう粘るなあって、話を始めてくれました。テロは非常に究極的な行為です。一人の人間がなぜテロを起こすようなことになったのか、その心の中の問題が知りたかった。何日か通って体験談を聞きました。血盟団事件の裁判記録が数年後に出版されましたが、取材当時は被告たちによる陳述の草稿しかありませんでした。ただし、彼らは裁判で自分たちの主張を申し述べようとしているから、その草稿は非常に詳細で具体的でした。これが資料になりました。

ほかで集めた資料も併せてこれらの材料で何とかなると思い、映画では日本近代史に登場するテロをいくつも取り上げました。しかし血盟団事件がこの作品の中心ドラマで、全部で二時間半ぐらいのうち一時間半近くをしめています。個人にへばりついて取材した結果、シナリオがそうなったのです。

3　資料を発展させる

『将軍家光の乱心——激突』（平成元）はシナリオだけを書いた作品です。東映がたいへんおカネをかけた時代劇アクション映画。手を変え品を変えてアクションを考えてくれと依頼されました。でも素材が見つからない。時代劇だからもっぱら資料調べをして、プロデューサーに徳川家康の話を提案しました。

こんなお話です。秀吉が大坂城に入って天下をにぎったが、家康が目の上のたんこぶである。家康は秀吉に恭順の意を示しているが、真意は分からない。そこで秀吉は、家康の第一子を人質に要求する。家康も子どものころ人質になっていたね。家康の家臣団は人質に反対するが、出さなければそれを理由に、秀吉は家康を攻めてくるだろう。だがたとえ人質に差し出したとしても、幼君は大坂城へ着く前に抹殺され、要求を拒否したとの口実でやはり攻撃されるかも知れない。行くも地獄、行かぬも地獄。結局、家康の家臣の一人が幼君を大坂城まで連れて行ったが、彼は二度と家康の元へ帰らなかった。この史実をヒントにアクション映画を作ろうと思いました。けれど戦国時代の映画はすごくおカネがかかる。そこで家光の時代に置き換えた。どうせフィクションだから、やっちゃえって。

たとえフィクションでも、何もないところからドラマを考えるのは非常にむずかしいことです。どこかにほころびが出て、次々ほころんでしまう。だからある資料から手掛かりを得て、それをもとにシナリオを書く。スタートとゴールをはっきりさせておけば、あまりまちがいません。史実には整合性もありますからね。

時代劇は資料調べから始まって、そこから鉱脈を拾い上げて、イメージを広げるという作業でもあります。そこでシナリオの設定を少し変えました。幼君は病弱だから日光の温泉で養生をしている、そこへ幼君を亡き者にせんとねらっている勢力が襲ってきた。幼君には忠実な家臣がついており、その男が幼君を必死に守って何とか江戸城に連れて行く。対豊臣ではなく、徳川の御家騒動に変えたのです。

シナリオには、日光から江戸までどういう経路をたどったかという場面設定を書く必要がありました。そのためには経路を調べなければなりません。撮影にはどのくらいかかるか、どういう障害があるのかも調べる必要があります。だからシナリオを書く前にシナリオハンティングに行くのです。この時も三、四日かけて片っ端からシナリオハンティングしました。日光東照宮から出発して桐生へ出る、あるいは足尾銅山の鉱脈がある山道をたどって行く。渡良瀬川を避けて浅間の方に出たら、すごい道になります。忠実な家臣は、幼君を秘密裏に連れて行くのだから、日光街道は使わずにほかの道を行くだろう。シナリオハンティングをしていると、こんな風にイメージがわいてくる。アクションは地形を知っていると書きやすくなります。知らないととても書けません。

4　企画段階で整理すべき事柄

シナリオの前段階で、さまざまな事実関係をつかんでおく必要があります。実在の人物ならば、本人のことや近くにいた人のこともできるだけ詳しく調べる。背景にある事柄もできるだけ具体的に調べ上げる。そこまでやると、いける素材かいけない素材か、大体の見通しがたってきます。まず知識を入れて、次に整理をする。ここまでゆけば企画書を作る。企画書は自分で書きます。企画書というからきっちりした物のような気がしますが、自分にとって必要なことを書けばいいのです。これはシナリオを書き出す前の整理です。これも必ずやる。

この整理段階で、するべきことが三つあります。

第一は、自分にとっての作品を作る意図を整理することです。正式な企画書では「企画意図」といいます。この作品は何を目指すか、どういう意図で作るかを考える。自分にとって大切なこと、押さえておくべきこと、ねらい、目指すところ、テーマ、メッセージを考えるのです。自分にとって何だということは、会社にとっても何だということにもなります。自分と会社が衝突したら企画は成立しないから、その整合性を考えないといけません。そして、映画になればどんな特徴を持つ作品になるかも考える。

『893愚連隊』の場合は、作りたいものが作れなかったという挫折感と、彼らの生き方を二重写しにできないかという思いでああなった。「いきがったらあかん。ま、当分はネチョネチョ生きとるこっちゃ」という最後の科白は、当初まったく考えていませんでした。最後のシーンでふと思いついた科白でした。科白を思いつくより先に、ただ、ああいう生き方を描いてみたいと思っていたのです。

『――激突』ならば、さまざまなアクションを放り込んで、活劇の面白さを高める時代劇。

『日本暗殺秘録』ならば、日本の中に深く根付いていたテロリズムとは何なのか。思想なのか手段なのか。昭和の初めの日本人にとって、テロは何であったのかを描くこと。

『あ、同期の桜』ならば、あの戦死は空しい死であるという作品を作ることによって、彼らの死の意味がさらに鮮烈に伝わるのではないか、という思いです。会社は散華だといい、ぼくは犬死に近い死ではないかと思ったため、徹底的にぶつかって、作品はいささか中途半端になりました。だけど彼らの死が、その後の繁栄をもたらしたなんて、はなはだしい欺瞞だとぼくは思う。彼らの死を正確に見つめなかったから、戦後の微温的な繁栄を作り出したと思う。そこは各自の体験からくる価値観のちがいだね。

当然だけど、物を作っているとさまざまな軋轢が出てきてすんなり行きません。常に戦いがあります。その中で自分が描きたいものと、作品の興行性を整理しなければいけません。この作品で何を描くのか、特徴は何かを明確にするのです。はっきりしないと、書きながら迷ってしまう。『８９３愚連隊』ならば、オールドキュメンタリータッチという作品的特徴を明確にすることが、企画意図にあたります。

第二点は、大まかなストーリーを決めるということ。ただしストーリーは、書きながら変わってゆきます。企画段階では、最後はどうなるか分からない時もあります。

人から来た企画の場合、この段階で依頼者ときっちり協議をする。出発点にちがうところがあれば、結果もちがってくるからです。依頼者とはしばしばカネを出す人たちです。「そんな作品はたのんでないよ」と彼らにいわれたら、さっぱりだからね。

何をどうするかという出発点で、書く対象を自分なりに調べ上げて、徹底的に自分のものにすることが大切です。ドラマの場合、ストーリーを作り上げるのは登場人物たちです。では、どういう人間たちが登場するのか。こういった事柄を整理する作業にはメモが欠かせません。プロットまで書くかどうかは場合によります。素材にもよりますが、これでかなりの時間を費やします。

『――激突』ならば、一人の屈強な男が病弱な幼君を江戸まで連れて行く間に親子に近い絆ができるというのが大まかなストーリーです。自分が描きたいことを明確にして、それを表現するためのストーリーを作り上げてゆく。そのためには途中どう戦うか、どういうアクションがあるのか。

アクション映画は、シンプル・イズ・ベスト。主体はアクションだから複雑な構成はとれません。そのシンプルが難しい。シンプルにすると内容が薄い気になるからです。まず障害が必要です。敵だったり、自然の要崖だったり。そこを破る。ストーリーそのものは非常にシンプルですが、手が難問です。その手には、アメリカ映画をヒントにすることもある。でも、たくさん映画を見ている人にはばれちゃうね。こっちも商売だから一生懸命に考えるけど、ヒントをイメージに拡大する仕方がまずくなったこともあります。

大まかなストーリーを決める時にも、やはりまず素材を熟知すること。繰り返すけど、知らないことは書けないんだ。そして出発点としての方向性を決めること。でもこの段階では、まだシナリオの形はとっていません。

第三がキャラクター作り。これが勝負です。キャラクターが完全に作られていると、ストーリーは自然とできてきます。そのぐらいキャラクター作りは重要です。

5　キャラクター作り

ここでドラマに必要な登場人物のキャラクター作りについて少し詳しくお話ししましょう。作り手によると思いますが、シナリオを書く場合、人物の側から入る場合と、お話の側から入る場合があります。どちらから先に入ってもかまいません。いずれにしても相互作業なので、作業に前後はありません。作業が始まると混在しますが、入り方にはこの二つあります。ぼくはキャラクター作りから入ります。話が始まる前に人物ができていた方が、動きをとりやすいからです。

▼モデルがあるキャラクター

テレビで真田広之くん主演の坂本竜馬を撮ったことがあります。三時間ぐらいのテレビドラマです。テレビドラマでも企画書は出しますが、テレビの企画書はスポンサー用の企画書だから少し内容がちがいます。映画の企画書は、おカネを出す会社のために書く。テレビの場合、いかに視聴率をかせげるかという企画書を書く。しかし両方とも、企画意図、登場人物たち、どんな物語か、この三つの要素は入っています。実は企画書を作るまでにはかなりの時間が必要です。中身ができてないと企画書は書けないからです。企画書はシナリオを書くための、一つの区切りだと考えてください。素材や関係資料を集めるわけですが、坂本竜馬は歴史上の人物です。竜馬や同時代を体験した人たちに取材はできないけど、竜馬を描いた小説や資料が多く、袴をはいて革靴をはいている写真まである。日本文明と西洋文明の接点が匂うような写真で、海援隊を作ったという日本的でない感じが姿の中にただよっていますね。女性関係は、司馬遼太郎さんの小説に彼なりのイメージで書かれています。彼女は名前も残っているから、劇作上で使える。高知時代の生活は、高知へシナリオハンティングに行ってかなり分かりました。

竜馬は、歴史上の業績や評価がかなりはっきりした人物です。こういうものは変えられない。変えるということはフィクション化だから、まったく別の作業になります。だから自然と人物像が決まってくる。それをシナリオライターがどう見るかがポイントです。素材に関するできるだけ正確でさまざまな知識をはっきりさせて、具体的な作業に入るのです。

▼モデルのないキャラクター

実在しなかった人物や想像上の人物を作る場合は、本当に自分で作り上げてゆかねばなりません。しかし何もないところからは作れない。これを作り上げる場合にも二通りあります。

モデルがある場合は、取材や資料調べの段階である程度つかめるからわりと楽です。

モデルがまったくない場合は、映画で見たとか、芝居で見たとか、ニュースで見たとか、電車で見かけたとか、そういう自分の経験や体験から作ってゆかねばなりません。あるいは、自分が作ってゆこうとするドラマを進めるにはこういう人物が必要だ、という視点から作り上げることもある。

物語も登場人物もフィクションでモデルがない場合は、自分が作り上げたものがドラマ作りの決定的な要素になります。プロットを作る段階で足し引きはあるけれど、その作業のたいへんさは実際にシナリオを書いて七転八倒すれば分かります。これはシナリオ書きを放棄したくなるほどいやな作業です。この段階で、シナリオがいやになるかどうかだな。

▽原作の有無

原作があれば、内容もキャラクターもはっきりします。

『くノ一忍法』の場合、山田風太郎さんは原作の中に、何人もの面白い登場人物を作っておられました。大坂夏の陣で豊臣方が危なくなった時、秀頼は千姫以外の五人の女忍者にお種をつけた。千姫と五人の女は大坂城の落城寸前にお城から逃げるが、徳川方の服部半蔵ら忍者集団が追いかけて、お種つぶしを始める。こうして男の忍者対女忍の者のセックスがらみの忍法合戦が始まります。千姫は実在の人物で、どこに生まれて秀頼に嫁ぎ、大坂城が落城したあと徳川に戻ったという記録が残っているけれど、具体的にどんな人物だったかは、山田さんが作ったキャラクターを参考にしました。そのほか五人のくノ一や男忍者のキャラクターも、猿飛佐助のそれや、奇想天外な忍術の手練手管も山田さんのイメージにしたがいました。

もっとも原作がある場合、次にそれをどこまで使うかという問題が出てきます。一つには表現が可能か不可能かという問題です。文芸として文字で表現する場合と、映画として映像で表現する場合はちがいます。文字では表現できても、映像では表現できないことがある。一方、文字では表現できないけど、映像の具体性を使えば表現できることもある。しやすい・しにくいということは、できる・できないに通じます。難しいからやらないということではなく、表現しがたいのです。もう一つ、原作から何を汲み上げるのか・何を汲み上げないかの問題もある。さらに、汲み上げたものに、ほかに何か要素を加えるべきか加えないべきか。けれどもこれは、またあとで考えましょう。キャラクターのことでいえば、原作のそれがイコール映画用のキャラクターになるとはかぎりません。でもモデルがあるだけに、シナリオライターとしては一手間はぶけるというのも事実です。

女性で初めて文化勲章もらった上村松園さんを主人公にした『序の舞』（昭和五九）を映画化した時は、宮尾登美子さんの原作がありました。その時は京都は中京の商家の生活について取材をしました。京都ぐらしは長いけど京都の生まれ育ちではないから取材が必要でしたが、原作物はそういうところが楽です。

第二節　ドラマに発酵させる――『８９３愚連隊』の場合

『８９３愚連隊』にそってお話ししましょう。映画作品もシナリオも見てもらっているから、それを前提に話します。

まずキャラクターですが、これは作品の中心を担う人物から作り上げてゆきました。松方弘樹が演じている愚連隊のリーダ的な男には一人だけ、谷口という苗字がある。荒木一郎が演じている参謀という男は、暴力的には役に立たないけど、計算高くて、こすっからしいことを考えるのが巧い。オケラという男は、論理的思考や計算がすべて排除され「ドタマかち割ったろか」としかいえない。この三人のキャラクターを、最初に８９３グループとして考えました。

作品の中でバキュームカーの運転手をやってたおっちゃんを中心に取材をしたことは、すでにお話ししました。さまざまなエピソードを彼から教えてもらいました。そんな中で、組織を持ってるやくざと愚連隊のちがいに興味を持った。それは親分を頂点とする組織があるかないかです。組織の有無は中間的搾取の有無につながるだろう。それを戦後民主主義を批評する形で描くことはできないかと思いました。そこでおっちゃんから取材したかったのは、テキヤとか博打で生計を立てている以外のアウト・ロウの連中は、どうやってメシを食っているのかということでした。おカネや食い物はどこから入ってくるのか。つまり生業・「しのぎ」です。しのぎの手口を聞いたら、非常にみみっちくて面白かった。それと隠語。アウト・ロウの生活には隠語が多用されます。この隠語が面白い。愚連隊の連中は、ロケの人さばきが非常に巧かった。意外に思うかもしれませんが、一般の人には絶対に高圧的な態度に出ない。ちょっと怖そうな連中には結構ドスを効かせる。そんなところにも彼らなりの生き方のテクニックが出ていました。そういうものって、どこからきているのかなと思った。

取材しているうちに「おじ貴、おじ貴」と呼ばれ、いつのまにかおじ貴になってしまいました。「おじ貴、今は冷蔵庫でも五年の保障がありまっけど、わしら何の保障もおまへんわ」。生活の保障を冷蔵庫の保障とつなげちゃうんだね。彼ら独自の視点が生き方に密着しているんです。映画の中に、バキュームカーを坂道で戻す仕事を一万円でたのむところがあるでしょ。結果が出ない間は手付として、目の前で一万円札を二つに裂き、半分を渡す。成功したあとで、残りの半分を渡す。お札はあとで貼りつければ使える。おあずけをビジュアルでやって見せるんです。あんなことわれわれの発想にはない。こういう発想が実に面白かった。

映画が終わって久しぶりに会ったら、「いまお墓の引越しやってます」という。京都の街中に裏寺通という場所があって、今は賑やかなビルが建っているけど、あの頃はちょうどお寺さんが郊外に引越しをする時期でした。お寺さんの引越しだから、お墓から遺骨を取り出してきっちり埋めなおさないといけないんだけど、誰も喜んでやらないから、連中が買って出た。でも、連中のやることだから、あぶないんだよ。本当にちゃんと元のお墓に戻してるのか、分かったもんじゃない。隣のお墓に平気で入れかねない。「本当にちゃんとやってんのか」と聞いても「そらわしら、ちゃんとやってまっせ」としかいわない。カネになることなら綺麗もきたないもないって考え方です。これはこれでたくましいよ。でもやはり暴力団なんだ。喧嘩も強いしね。

一人の男にすべてを仮託したら面白くない。だから谷口・参謀・オケラの三人で、彼一人のキャラクターを分散させました。リーダーを谷口、計算高さを参謀、暴力をオケラに、三分割した。グループで進めるドラマだからこれでいいけど、個人として見ると、参謀とオケラのキャラクターは一面的すぎてちょっと弱いと思います。若き日の近藤正臣が演じているスケコマシの大隅役は、取材の中にはまったくないけど、「スケもこましまっせ。それもしのぎの一つですわ」といういい分からあの役を作った。こうして８９３連中の四人ができた。

この四人の有り方には非常に興味がありました。客観的に面白いというだけでなく、自分として共感できる点が多々あったからです。とくに価値観がないという点に共感しました。今の若い人たちも価値観はあまりないんじゃない？

1　シンパシーを抱く

ぼくは『あゝ同期の桜』の次の世代で軍国少年でした。一〇歳の時におやじが戦死し、早く大きくなって飛行機乗りになってアメリカをやっつけてやろうと思ってた。当時、戦闘機乗りは花形でしたからね。徹底的に皇民教育を受けているから、天皇陛下のためにとも思ってた。終戦をはさんでやっとものを考える年頃になると、それまで考えていたことが一文の価値もなく、逆に駄目なことを一生懸命にやっていたことが分かった。アメリカ映画の影響もありました。アメリカは映画をセレクトして日本で公開していたから、何のことはない、戦後はＧＨＱに操られていたわけです。とにかくアメリカが絶対で、マッカーサー元帥はその象徴でした。昭和二五年、朝鮮戦争が始まります。韓国と北朝鮮との熾烈な戦争でアメリカも参戦したけど、マッカーサーはやり方がまずいと簡単に更迭されて帰国することになった。マッカーサーはとても偉い人だと思っていたから、アメリカに帰るとき京浜国道まで見送りに行きました。でも、どうもマッカーサーは偉くないらしいと分かってきた。そんなことをしているうちに社会主義思想、要するに左翼かぶれが流行り出して、今度はそっちに走った。高校から大学時代は学生運動をしました。そして、これでもまただまされる。逃げ場はギリシャ悲劇だけでした。だから今のぼくは、生きて行く上の価値観がほとんどありません。価値観を大切に生きている人と、価値観なんてない人がいる。『８９３愚連隊』の連中にはそういう部分でとても共感したのです。

ひどい組織ぎらいにもなったから、組織とは徹底的に距離をおいてしまう。東映に入社した頃は会社組織に組みこまれていたから、上の連中がいいといえばできるけど、駄目といえば何もできない。いくつもの企画がこうしてつぶれていった。つぶれた時はカーッとなるけど、考えたら何もできない気がする。だからチンピラ的な生き方にとても共感し、自分をその世界の一員として放り込みやすい気になった。放り込みやすいということは、書きやすいことでもあります。自分が感じていることは生き方の中に出てくるから、そういうことが書けるのではと思った。こんな整理は今だからできるんだよ。当時はただ「これはやれる」と思っただけです。

しかし同時に、谷口・参謀・オケラ・大隅に反発も感じていました。反社会的なことにはそれほど反発を感じないけど、あの四人は追い込まれなくても平気で反社会的なことをする。そういうことをする情念や状況には反発を感じました。人の誠や志がない。ぼくたちの年代には倫理観があります。フェミニストだから、女の人を変な風に扱うところにも反発を感じちゃうし。

反発する部分や共感する部分を書くために、杉山を作りました。杉山の設定は戦争体験者、それも少年飛行兵あがりだから闇市で飛行服を着ている。少年飛行兵は、今の中学校の二年生ぐらいから志願入学して、二年半から三年の教育で一人前に仕立てられる。戦争末期はそういう戦力まで必要としていたのです。一六、一七歳で終戦を迎えて世の中に放り出されたから、戦後、暴力団に流れたり、犯罪を起こしたりした少年飛行兵あがりが多かった。やたけたになって戻ってきているから戦後の市民生活になかなかとけこめないし、二〇歳前で将来の方向性を見失っている。そんな青少年の代表が少年飛行兵あがりだといわれていました。杉山はそういう設定です。ぼくは893連中と杉山のちょうど真ん中の世代にあたります。ぼくも数年はやく生まれて、一歩まちがえたら、ああなっていたかも知れない。少年飛行兵あがりで、なおかつ一〇年も刑務所に入っていた男となると、893連中に反発するだろう。杉山みたいな戦中派の目から見たら、出発は同じ愚連隊でも893連中とはちょっとちがう価値観をぶつけられると思いました。杉山はそれなりの価値観を持った、あるいは価値観をさがす努力をしている人間です。それを893グループに放り込んだ。杉山にとくにモデルはいませんが、いろんな意味で分かりやすい人物像だよね。

ケンは敗戦時の落とし子です。共感しているわけじゃなくて、行くところがないからこのグループにいるという設定。シナリオではクロという役名だけど、ケン・サンダースという俳優を使ったから映画ではケンという名前にしました。この六人で893グループを結成しました。

2　ディテールを考えることでキャラクターが動き出す

メモをとる段階で、「杉山…少年兵あがり、歳いくつ、殺人で一二年の刑、でも二年早く出所できた」なんて書いてゆく。造形をできるだけ深くするために、画面に出てこないところまで細かく書きこみます。画面に出てこない過去のことも、作れるのなら作った方がいい。作った部分を全部出すのではなくて、その作った部分を利用して、何事か起こった時にどういう反応をするかを考えるのです。そのためには、劇的な場面に遭遇させて、どんな反応をするかを考えた方がいい。反応は次の行為となって出てきます。これがドラマを推進させます。

たとえば若い男が、電車の優先席に足を突き出して寝ていたとする。Aという人物がそれを見てどう反応するのか。これは人物像を作る時に非常に大切なことです。見て見ぬ振りをするか、いきなり行って「どいたれや」とすごむか、「お年寄りが立ってるんだから座らせてやりなさい」といったけど知らん顔された、では次はどうするか、とか。反応の仕方が大切です。心の中で思っているだけでは駄目。思ったけどしなかったのか、全然しようとしなかったのかは、分かりにくいからね。いきなり胸倉をつかんで「立ったれや」といえば、明らかに行為です。声をかけても駄目なのであきらめるか、声をかけても駄目なので胸倉をつかんで立たせたか、これはすごくちがう。具体的な反応を考えると、人物像が突如として自分に近づく気がする。そして書けるような気になります。ドラマの中に出てくる部分だけ考えると、自分の都合のいいように考えてしまう。そうじゃなくて、この男、あるいはこの女は、こういう時にどんな反応をするだろうと、ドラマができる前に全然ちがう設定をぶつけてみるのです。こうするとキャラクターの部分が見えてくる。これはキャラクター作りに非常に有効な方法です。もっとも、その人物の反応は、自分の知識の範囲内でしかない。実際に体験したことではないのですから。自分で作った人物に、自分で作った状況を勝手にぶつけているだけだから、その反応も自分の知識をこえてはいない。それでも非常につかみやすくなります。電車に乗っているAも、胸倉をとって喧嘩になったけど、電車を降りたらその若いやつに蹴飛ばされて階段を転げ落ちた、次にAはどうするだろう……、ドラマには関係ないけど、そんなことを延々と考える。考えているとAという男の存在がどんどんふくらんで、いつか書けるようになります。

シナリオ学校では「履歴書を作りなさい」とよくいわれます。でも、履歴書を作っても人物像は明確にならない。その履歴の中で何をやってきたのかを具体的に考えるのです。この状況ではどう反応したかと考える。女に振られっぱなしの男がいる、ではどんな女にどんな振られ方をしたのか、という具合にね。どういう反応をしたのかということは、キャラクターを最もよく表現する方法です。そのキャラクターをある事件にぶつけてみると、自ずからある反応をしめす。反応の結果を最初から想定してはいけません。人物をしっかり作り上げておけば勝手に反応してくれるのです。こういう男だから、こんな状況にぶつかると、こんな反応を示すだろう……、そう考えると、書いてゆくのがとても楽になります。反面、非常に窮屈なこともありますよ。自分がこうしてほしいと思っても、自分の作ったキャラクターが絶対にそう反応してくれないことがある。そんな時は、徹底して原因を考えます。

自分の作ったキャラクターをある状況に放り込んだ時に、それぞれが勝手に動いてくれるようにまでなると楽です。論理の部分さえ考えておけば、その人物像がその個性で動いたりしゃべったりしてくれるからね。ディテールは計算してもなかなか書けません。ディテールは作りにくいのです。だけどキャラクターを具体的に作っておくと出てくる。人物をきちっと作り、それをある状況に放り込んだらどう反応するか。その反応の仕方がディテールを作ります。こういう作業を進めてゆくと、キャラクターを具体的に作ってゆくことが非常に大切だと分かってきます。

たとえば、荒木一郎の参謀は、カネが入ればすかさず計算して、必ず人数で割る。トータルの金額ではなく、一人頭の取り分で彼は行動するのです。自分のためという発想しかない。暴力が必要だとなるとまた計算して、治療費を差し引いたらもうけにならないからやめるという。そういう人物を作っておくと、ドラマの中で一人で動いてくれる。最初からそう書こうなんて思っていません。人物をしっかり作ったら、一人で動いてくれるようになるのです。

杉山は８９３グループの中で対立する男として書かれているから、８９３連中を批判的に見ることは計算ずみです。その反発として、８９３連中は杉山を軽蔑する。これも計算ずく。ただ、それがどういう科白でどういう行為で出てくるのかは、人物を具体的に作っておかないと出てこない。具体的に作っておけば自ずから出てくる、といういい方の方が正しいかも知れません。

８９３グループは組織から離れた連中だから、それに対立する要素として親分を持っている組織の設定が必要です。そこで高松英郎さんが演じた黒川というやくざを登場させました。親分の顔は出さず、組織の代表として高松さんを出した。映画が始まって人物説明が続くとしんどいし、対立関係をあまり説明したくなかったから、むかし杉山と同じような体験を持った男がいた、そのうち一人は組織なしの男になり、一人は組織の男になった、と設定しました。こうすると分かりやすい。高松さんは、親分の次にえらい。関西やくざでいうと若頭という設定です。対立要素だから、組織の忠実な子分という設定でいい。彼がどういう性格でどういう反応するかをいくら作っても無意味です。登場人物全員のキャラクターを明確にする必要はありません。

黒澤明さんの『七人の侍』（昭和二九）は、七人の侍それぞれのキャラクターが鮮明ですね。キャラクターを明確にするまでに映画の中で相当フィルムを使っています。時間をかけている。でも、侍をやとう農民は「農民たち」という描き方です。農民として、集団としてのずるさを附加してはいるけれど、個人のキャラクターはあまり強くなく、「農民たち」として描いています。対立要素の野武士は、襲撃してくるだけの怖い存在です。野武士のキャラクターなんてどうでもいい。野武士は「ジョーズ」と一緒です。ジョーズは人間じゃなくて鮫だから、キャラクターがなく突然現れる恐怖の対象です。強大な敵。人間にとって一番こわい存在。だから野武士はジョーズなんだ。野武士じゃなくて猛烈な猿の集団でもかまわない。飢えた七人の侍と獰猛な猿の戦いでもいいわけ。何から何までこまかくキャラクターを作る必要はありません。必要な分だけ作ればよいのです。

3　人物に一致するドラマを作る

次は「お話作りに必要な部分」について考えましょう。キャラクターを作りながらお話も同時に作っているといいました。同時にやらないと、どういう人物が必要か分からならないからです。８９３連中、杉山、やくざの黒川は、ドラマが固まる前に必要だろうと予測された人物でした。ドラマ作りからいえば予測だけど、こういう人物たちでこの映画を作ろうということです。

ではこういう人物たちを使って作るドラマというのは、どういうお話にすればよいのでしょう。彼らの生き方に共感したわけだけど、話の進め方を考える時には、まずきわめて大まかなストーリーを考えます。

▼８９３的メシの食い方　66

最初の企画意図として、どういうねらいでどういう物を作りたいかを考えます。こういう話がしたいから、こういう企画意図にしますということは、ほとんどありません。原作がある場合も同じです。原作はストーリーがあるけれど、これはあくまで素材です。この原作を素材としてこういう映画を作りたい、ということです。原作があるといくつかのストーリーやキャラクターができているから、労力も少なくてすむ。けれど映画と文学はちがうから、ストーリーやキャラクターは、時として変化することがあります。

『８９３愚連隊』の場合は、８９３グループのしのぎ、つまりメシの食い方を描いてゆくと、自然と彼らのものの考え方が分かってくると思いました。食べ物がない時代に育った人間にとって、生きていく上で一番大切なのはメシを食うことです。たとえば新幹線の食堂車は食事時になるといつも行列ができていて、若い人は列を見ただけで引き返すけど、われわれの年代は並んで待つ。いま食いっぱぐれたら、今度はいつ食えるか分からないという恐怖感がつきまとうからです。『８９３愚連隊』でも同じように、グループのしのぎ方を見せることによって、彼らのものの考え方、こいつらが何者であるかということが、自然と分かってくるだろうと思いました。だから最初は、しのぎの方法のエピソードを羅列しました。取材はたくさんしましたが、映画では白タク、タクシーのただ乗り、たこ焼きのただ食いと、みみっちいことばかりを使ってみました。みみっちい部分をみみっちく見せると、彼らの存在やものの考え方、生きざまが出てくるからです。そして次に杉山と喫茶店で出会う。

最初にエピソードを羅列しながら、８９３の六人を紹介し、連中がどういうものであるか、どんなグループを形成しているかを見せる。これはよくあるやり方です。『七人の侍』でも七人の侍を集めるところから始まり、そこにフィルムの尺を使っている。そこに登場してくる人物を大切にするか、場所を大切にするかという差ですが、キャラクターを大切にしたければ、そのキャラクターの説明と同時に、これから始まるドラマのキャラクターの集まり方を紹介するという方法がよく取られます。

▼第一の葛藤――杉山と組織

ドラマ作りの基本は葛藤です。葛藤を浮き立たせる構造を考えないといけません。話の大きな構造としては、893の六人と葛藤させる要素を登場させる必要があります。

まず、喫茶店で谷口らが杉山と出会う前に、杉山の昔のことが語られます。杉山を紹介するために一〇年ぐらい前の過去の映像を入れました。これで谷口と杉山のつながりも分かります。

今度は、杉山の対立物が必要です。そこで昔は仲間だったけど、今は足を洗ってまともな市民生活をしている本村という男を登場させました。杉山を描くためには、昔は一緒に悪さをやっていたけど今は小市民として幸せに暮らしている本村を登場させると有効だと思ったからです。本村はかつて一緒に悪さをやっていた男。本村の女房はかつて杉山がつき合っていた女。これが穂高稔くんと宮薗純子くんの夫婦です。この二人が小市民になっている。

本村は、最初から予定していた人物ではありません。杉山というキャラクターを明確にさせるために、お話を作りながら出てきた人物です。このドラマは市民生活の側から描くわけではないので、本村はどうしても描きたい人物というのではありません。

すでに杉山と893連中には明確な価値観の差があります。六人の内部にある葛藤要因です。さらに外部の葛藤要因として、愚連隊とは最も対照的な、組織を持つやくざを登場させました。こうするとお話は、組織を持たない連中と、大きな組織の連中の対立状況ということで進めてゆけます。最初は六人のしのぎ方を描きながら、六人が一つのグループを作る話。次は、六人の前に立ちはだかってくる大きな対立組織の問題。これらの葛藤をどう進めてゆくかを考えるのです。

取材したエピソードのうち、実際に使っているのは五分の一ぐらいです。どれを使ったら一番面白く、ドラマにとって有効だろうと選ってゆくと、そのくらいにしぼられました。

８９３連中は、ボランティアみたいな顔で病院に入り込み、借金まみれで入院している商店主を発見し、その借金を踏み倒す方法を考えてゼニを稼ごうとします。みみっちいけど、実際にやくざがよくやることです。借金した人間をつかまえて「自分たちのところに借金していることにしろ」と持ちかける。そして抵当権を取っちゃう。こうすると、資産のいく分かは債権者に取られるけど、おさえた抵当権でいくばくかのカネが取れる。そのおカネを折半する。不良債権の暴力団がらみの話って、ほとんどがこれですよ。まったく関係のないやつらが住み込んで、居住権や抵当権を主張して居座る。するとその物件は売れないから、何とかしてそいつらに出て行ってもらうために、立退き料を払う。こんな風に、アウト・ロウのしのぎ方は、いくつもあります。借金する方もやくざにつけこまれる余地があるのです。この映画の場合も、商店主は愚連隊を使ってカネをかすめ取ろうという欲ばりだろ。愚連隊も商店主もどっちもどっち。それを分かりやすいようにシンプルな形にしてあります。カネを貸している方も黙っておらず、組織の力を借りて入り込んできた。これもよくある図式です。

経済界では裏社会の人間がゼニを動かしているという側面があります。大企業が摘発されるのは、ほとんど総会屋の問題ですが、企業が暴力団を利用しているのです。総会屋をテーマに『暴力金脈』（昭和五〇）という映画を作ったことがある。ややこしい取材でした。取材していると、必ず裏に暴力組織が出てきたから『暴力金脈』という題をつけました。取材で出てきた暴力団は、今でもあまり変わりません。企業は総会屋におどされてカネを出したような被害者ヅラしてるけど、実は総会屋を利用したからその代金を払っているのです。気の毒なのは何も知らない株主だね。金融犯罪の図式というのは、たいていこうです。

『８９３愚連隊』の場合、下手をうつのは８９３連中を利用しようとした商店主です。８９３連中に関係ない善良な市民が餌食になるのではない。連中を使って一もうけしたい、あるいは少しでも自分の有利になるように事を処理したい、そう考えた商店主が、結局は８９３連中からいいようにやられた。商店主は結果としては被害者に見えるけど、初めから被害者になるつもりはなく、８９３連中を利用しようとした欲張りです。『８９３愚連隊』には、本当に無縁な人間たちが被害者になるエピソードは、ほとんど使ってないつもりです。エピソードはそういう風に選びました。

ここでは、８９３連中がアクションをおこし、そこへ組織が現れた、でも連中のやり方として組織とは戦わない。だからきびしい葛藤はまだ生まれない。でも以後、葛藤がいくつか重なってゆく、という具合にお話を進めます。

第二の葛藤——８９３内部の戦い

生き方のちがいによって８９３内部に分裂が起こってきます。二つのグループに分かれるのです。杉山・ケンの二人と、谷口たち８９３連中ですね。そしてさらに、組織と通じる大隅が登場する。大隅は８９３の中にいながら組織とも通じる小ずるい男です。こうして８９３内部に崩壊のドラマが生まれます。一方その頃、組織から強烈な圧力をかけられる。さてどうするか。

書き出した段階では、最後のアクション、つまりおカネを取り返そうとする闘いはまったく考えていませんでした。その程度のストーリーで書き始めたのです。この段階で考えていたストーリーは、組織の圧力に屈して、それでも同じようにちょろちょろ生きてる８９３連中でした。おカネが入る手段を見つけ、もうちょっとで手に入るという寸前までいくけど、組織に乗りこまれてうまくゆかない。８９３連中はそれでも闘わず、杉山とケンは闘うけど失敗する。ケンはそれを罵るけれど、結局は逃げたおす。そういう構造のドラマにしようと思っていました。これはよく覚えています。

ところが、893連中を描くだけなら、すっきりするけど面白くない。だから最後に立ち上がってもう一度やってみたけど結局は駄目でした、という話にしました。

▼のぶ子について

この段階までで、ほとんどの人物がそろっています。しかし杉山を描くためには、今は小市民の生活を送っているかつての知り合いである本村夫妻だけでは足りません。大隅の餌食になるのぶ子が必要でした。のぶ子はさっさとすけこまされる。この輪姦シーンには反発を覚える人がいるでしょう。893連中とまったく関係ない家庭の主婦をたらしこみ、大勢で婦女暴行までして、転落させる。何とけしからんことをするんだって。反発は893に対してだけではなく、その場面を設けた作り手つまりぼくにも及ぶだろうね。分かった上でのことです。

のぶ子の、この設定には二つの理由があります。

のぶ子は、完全に被害者で心から同情されるべき女でしょうか。ぼくはそうとは思いません。恵まれた小市民的生活をしているのに、亭主の目をぬすんで夜遊びをし、若い男と仲良くなって、その晩のうちに寝ちゃう女。小市民ヅラした欲望のかたまりですよ。のぶ子は、そういう人間の代表として設定しました。これが第一の理由です。

893連中に反感を持つ人物として、杉山とケンを作りました。ケンには出生の秘密が少しありそうです。彼らはのぶ子の一件によって決定的に対立してゆきます。のぶ子は893内部を対立状態に入らせるために必要な要素なのです。のぶ子を設定することで、このドラマを推進させる人物が出そろったのです。初めは六人ありきでしたが、六人の生き方をより鮮明にしつつドラマに葛藤を加えてゆくためには、人物不足でした。そこでのぶ子を出した。のぶ子は非常に重要な人物だから、明確に設定する必要がありました。これが第二の理由です。

この段階でこの作品のねらい、登場人物、大まかなストーリーが決まってきました。

ここまでがシナリオを書くプロセスの三分の一です。ここまでの作業に時間がかかる。この映画の場合、取材してから二カ月ぐらいかかっています。今ならここまでで半年ぐらいかかると思う。あの頃は若かったから、二カ月ぐらいで何とかなった。君たちがシナリオライターなら、ここできっちりと整理をする必要があります。「企画書を書く」というのはこの段階です。企画書といっていますが、メモ程度のものでかまいません。この段階になると、大体の人物像とストーリーができ、作品が目指す方向が鮮明になってきます。ただし作品のねらいだけは最初に立てておかないと、取材もキャラクター作りもできません。そこはあまり変わりませんね。これで企画書の三要素、「企画意図」と「登場人物のキャラクター」「おおまかなストーリー」が決まります。

シナリオ作りには三段階ありますが、ここまでがシナリオの第一期です。

第三節　第二期――シナリオを構築する

1　シーンを並べる

この程度のストーリーで箱作りに入りましたが、すぐに不十分だと分かってきました。だからこの段階で最後のアクションをつけ加えたのです。これは非常に楽な作業でした。集めたエピソードの中からこのアクションを一つ選んで放り込み、連中が組織と闘うと場合どうするだろうと考えました。すると、すでにキャラクターが明確にできあがっていたから、連中が勝手に動いてくれた。自分で作ったキャラクターが、自分が思う以上に動いてくれたのです。逆にいうと、この段階で人物像ができてないと、とても苦労するということです。これをもとにして、具体的なシナリオ作りの段階に入りました。キャラクターを使ってお話を作り、どう映画的に展開させてゆくかという段階に入るのです。

ここまでの作業は、ほかの文字表現でもほとんど同じです。今までそろえてきたことは、映画シナリオにしなくても舞台劇でも書けます。シナリオ化のための作業はここから始まります。つまりシナリオ表現の段階に入るのです。

これがシナリオ表現の構成上の大きな特徴ですが、シナリオの単位はシーンです。ですから、シナリオではシーンを重ねて書いてゆくのです。

シーンには便宜的に番号がつけられます。シーンの数には基準はなく、作品によってちがいます。作品によってシーン数が変わるのは、長いシーンを重ねてゆく場合もあるし、非常に短いシーンでとんとんと進める場合もあるからです。『893愚連隊』は八四シーンです。『――激突』は、日光から江戸へ飛んで来る間にあらゆる場所を使ったから、シーン数が非常に多くて一二〇シーンぐらいあったと思う。映画は、場所も時間も自由に選択できるし、拡大もできるから、シーン数が多くなります。舞台と映画はちがいます。舞台劇の場合、何幕何場の「場」がシーンにあたります。舞台劇ではシーン数がうんと少なく、どんなに多くても十何場ですね。映画でも場面数が少なければ、舞台劇に近いものになります。

構成はシーンをどう並べてゆくかという作業です。順番通りに並べればいいということではなく、作り手の内部の問題に関わっています。技術ではなく、作り手の視点はどこにあるか、つまり作り手のものの考え方、どういうものを作りたいかが大きく関わってくるのです。

2　視点の設定

「視点」について確認しましょう。『８９３愚連隊』というドラマは、どういう視点から作ったかということです。取材をしながら人物に共感を覚えたり、反発を感じたりしました。この作品は一見、あまり感情移入されず、突き放したようなドキュメタリータッチです。だけど、ドキュメンタリーではドラマにならない。そこで外見はドキュメタリータッチにして、芯に自分が共感しているチンピラ的生き方を持ってきました。『８９３愚連隊』は、チンピラ的生き方に共感しているという視点で作った作品です。しかしそれだけでドラマ全体は作れません。これについては、細かいシーンの作り方の中で説明します。

視点をどこに置くかによって、作品の内容が決定し、語り口にも決定的な影響を与えます。脇道にそれますが、その分かりやすい例を取り上げてみましょう。前に刑事ドラマの例をあげましたが、それをもう一度使ってお話しします。犯人探しドラマです。ある事件が起きて、二人の刑事が犯人を探し、一人の犯人が逃げる。この時に作り手の視点をどこに置くか。同じ事件、同じ刑事、同じ捜査、同じ犯人という設定でも、作り手の視点をどこに置くかでドラマが大きく変わります。

まず作り手の視点を犯人に置いたらどうなるか。作り手が犯人に視点を置くのは、作家として犯人に興味があり、魅力を感じ共感しているからです。視点を犯人に置けば、犯行の動機や犯人の人間像を描くことになります。犯人を描けば描くほど犯人のキャラクターが明確になります。見ている人が、犯人に共感してしまうことすらある。そして、捕まるか、いつ捕まるか、捕まらない方がいいのにと思い始める……、こうなると、これは前にもいったようにサスペンス映画です。

作り手が刑事に視点を置けば、犯人探しのミステリーです。犯人を探りあてるまで、徹底して警察の視点から描くことになります。事件がどういう経緯で起こったのか周辺から洗い、犯人を探りあて、捕まえる。ミステリーは犯人が捕まればいいのであって、犯人の人間像までを明らかにする必要はありません。犯人というジョーズを探せばいい。探すプロセスの中で犯人の人間像が分かってくることもあるけれど、それがドラマの目的ではありません。犯人を割り出すために犯人の人間像を明らかにしただけなのです。この場合、犯人の全貌が明らかになった時に犯人が捕まるという結末をむかえます。

同じストーリー、同じ事件、同じ登場人物でも、作り手の視点をどこに置くかで、サスペンスにもミステリーにもなる。この例でも分かるように、ドラマを作る上では、作り手の視点をどこに置くかということが、決定的なことになります。

刑事AとBがチームを組んで犯人を探す。二人は犯人を探すという共通の視点を持っていますが、二人のキャラクターは全然ちがうという場合はどうでしょうか。もしこの二人が対立していたら、捜査中の二人の生き方のドラマも生まれます。刑事A・Bのどちらの視点に立つかという問題が生まれるからです。大枠として犯人探しがあるけれど、その一方で警察内部におけるA・Bの対立のドラマが面白い。そう思ったら、A・Bどちらかの視点に立って徹底的に描けばいい。

たとえば、刑事Aは現場のたたき上げ。経験豊かな辣腕刑事。巡査で入って捜査一課に上がった男。捜査一課は殺人担当課だから刑事としては辣腕だし、すごい経験も持っていることになる。Bは一流大学の法学部出身。キャリア試験に落ちたけど、若くして捜査一課にまわされて警部補になった。この二人はキャリアも捜査方法も正反対です。Aは徹底的な経験主義。Bは徹底的な理詰め。Aから見たらBは、鼻持ちならない若造です。Bから見たらAは、経験だけにたよっている古くさいおっさんだ。では、どちらの視点から描くか。ぼくはAの方が描きやすい。

おっさんAの視点から若造Bを描く。君たちなら、おっさんの視点は書きたくても分からないだろ？　Bからの方が描きやすいだろうね。描きやすいということは、興味があるということでもあります。すると同じ素材なのに、君たちが書くのとぼくが書くのとでは、全然ちがうものになる。簡単にいうと、視点をどちらに置くかによって主人公も作品内容も決定的に変わってくるということです。

Ａ・Ｂ両方の視点を利用することもできます。ＡとＢは喧嘩しているけど、作り手はＡＢ両方ともに魅力を感じて共感しているという場合だね。Ａ・Ｂは「鼻持ちならない若造」「経験主義のおっさん」と対立していても、犯人を探すという共通認識がある。ただし捜査方法はばらばら。Ａは北海道に探しに行く。Ｂは沖縄へ探しに行く。二人の視線は平行線のままで、犯人を探します。

Ａ・Ｂ二人の刑事の上に、ボスＣがいたとすれば、また別の展開になります。Ｃは超エリートキャリア。Ｃから見ると、キャリアになりきれなかったＢに特別な思いを抱いている。このキャリア野郎の設定によって、Ａ・Ｂの対立が簡単に解消するかも知れない。Ｃは二人にとって共通の鼻持ちならないエリート野郎になるわけだ。ある時Ｃに呼ばれて行くと、まったくちがう捜査方針を指示された。今までの苦労が水の泡になる。二人ともこんちくしょうと思う。それ以降ＡとＢは、Ｃへの反発だけで動き出す。これはつまり、Ｃという対立物を作ることによって、二つに割れていたＡ・Ｂの視点が一つになり、Ａ・Ｂ共通の視点になったということです。

犯人探しドラマを設定するだけでも、いくつもの視点を設定することができますね。

第三章　『893愚連隊』を見る――登場人物を追って

これまでお話ししたことが『893愚連隊』の構成の中でどう生きているかを、ヴィデオを見ながら確認したいと思います。具体的にシーンを追って見てゆきましょう。

893愚連隊　昭和四一年　東映作品

S#1～16

1　京都の全景

騒音の中から、男（谷口）の低い誘いの声が聞えて来る。

「金閣寺方面や、金閣寺方面。どないだすね、お一人百円でっせ。お二人やったら二百円……タクシーやったら三百円はとられまっせ」

応える女の声にかぶせるように、谷口の声「ヘッ、おおきに」

続いて、男（参謀）の声がかぶって来る。

「河原町や、河原町。相乗りでっけどな、へッ、おおきに……あと一人や」

応える谷口の声。

「よっしゃ、ちょいまち（騒音の中を探って）……にいちゃん、河原町へ行かへんけ、五十円でよろしわ」

2　京都駅前

タクシー乗場に並ぶ人々を捉え、話しかける谷口と参謀。谷口、学生風の男を口説き落す。男、百円札を一枚、谷口に手渡す。五十円玉をかえす谷口。

谷口「よっしゃ、きまりや（と参謀に）御案内」

既に三人の客と待つ参謀。

参謀「（軽くうけて）毎度おおきに……どうぞ」

一同を、自家用車乗場に案内する。いち早く、それを見てとるオケラ（瀬川）手を上げる。スーッと寄ってくる白タク。ドアを開けるオケラ、手際よく四人を乗り込ませる。

参謀、運転手に百円札を渡して、

参謀「河原町や」

バタンと、ドアを閉める。

オケラ「発車オーライ」

スタートする車を見送って、参謀、再び雑沓の中へ――。

3　同・一隅

谷口、参謀、オケラの三人が、百円札を分け合っている。

谷口「きっちりナミチョウやで」

参謀「……八枚、九枚……（と数えて）まあまあしのぎやな」

その三人の背後に近づく公安官。

公安官「おまい等だな、構内で白タクの客引きしとんのは」

谷口「（白ばっくれて）何の事ちゃ、知らんで、わいら」

参謀「（合せて）知らん」

公安官「（厳しく）ネタは上っとるんだ。おまい等みたいな愚連隊は、京都の名折れや」

オケラ「（小声で）何云うてけっかんね」

公安官「何やと……ちょっと来てもらおか」

いきなりオケラの腕をとる。その手をふりきるオケラ、公安官を突きとばして逃げる。

谷口、参謀も素早い。

4　タクシー乗場

並んでいる客を散らして、タクシーに乗り

スタッフ

企画……………日下部五朗
　　　　　　　天尾　宗次
原作……………菅沼　照夫
監督……………中島　貞夫
撮影……………赤塚　滋
音楽……………広瀬健次郎

キャスト

谷口ジロー……松方　弘樹
参謀……………荒木　一郎
オケラ…………広瀬　義宣
杉山……………天知　茂
大隅幸一………近藤　正臣
ケン……………ケン・サンダース
のぶ子…………稲野　和子
はる美…………三島ゆり子
黒川……………高松　英郎
横田……………待田　京介
野村……………藤岡　琢也
由美……………宮園　純子

込む三人。
谷口「(勢よく)河原町や」
参謀「はよ、行かんかい」
走るタクシー。

5　タクシーの中

流れる京の街――。
参謀「(忌々しげに)クソッ、あのしのぎも終いやで。トコスケめ、わいらの税金で喰うとるくせして」
谷口「おまい税金払うとんか」
参謀「(すまして)払うてへん」
オケラ「ほんまに、ドタマ、かち割ったろか」
どうやらこれがオケラの口癖らしい。途端に、急停車するタクシー。はずみを喰ってもんどり打つ三人。
オケラ「気いつけい、ドアホー」
運転手「すんまへん、おっさんがとび出して来たもんで」
再び走り出す――参謀、突如として叫ぶ。
参謀「これや!!」
一瞬、えっ?!　となる二人――。
参謀「(小声で)どないだ、兄貴、当り屋は?」
谷口「古いわ」
参謀「人間とちゃうで、自動車と自動車やで(器用な手付きで、二台の自動車を設定)……こないに、尻をちょいとなぶらせて、シンロク入れたらよろしやろ。スケのせとる男やったら、ボーッとして横ばかり見とるさかいな」
谷口「(眼が輝き出して)むッ……そらいけるで、一辺、じっくり研究してみい」
参謀「よろしおま」
参謀の眼も、キラキラと輝き出す。

6　河原町

タクシーが停る。

参謀、さっと一万円札を差し出す。

運転手「こまかいのありまへんやろか」

参謀「さよか、くずしてくるし、待っとれ」

三人、車を降り、近くの店の中へ入り込んで行く。

運転手、見とどけて水揚げの記帳――ふと、顔を上げる、アッとなる。急いで車からおり、店の中へかけ込む。三人の姿はない。

運転手「(思わず)只乗りや」

店員達が、いぶかし気に運転手を睨む。

7　路地

笑いながら来る三人。参謀、一万円札(貧弱なにせ物)に頭を下げ、
参謀「おおきに……」
そのまま、しまい込む。
谷口、腹をおさえて、
谷口「モサがコケて来たな、どや、タコ焼きでも喰おか」
オケラ「よっしゃ(と参謀に)頼むで」
うながして、小走り。
タコ焼屋の前――。
参謀が入り、オケラが来る。
参謀「(金を出し)五十円や」
タコ焼屋、五十円分を包んで、
タコ焼屋「へえ、おおきに」
オケラ、手を出し、持って行く。
タコ焼屋、つり銭を出す。うけとる参謀、去らず――。

タコ焼屋「あの、何か？」
参謀「何かて……わい、まだタコ焼貰うてへんで」
タコ焼屋「ヘッ？　あの、今のお客さん」
参謀（平然と）今の奴がどないしたんや」
タコ焼屋「どないしたて……」
参謀「もうええわい、ごちゃごちゃ云わんと金かえせ」
タコ焼屋「そやかて……（泣っ面）」

8　喫茶店・ブラック

タコ焼をかかえたオケラを先頭に入って来る御機げんの三人。一方に席を占めようとして——谷口の眼が、フト止る。
この店のマスター本村と、その前のシートにサングラスの男（杉山）
谷口「（アッとなり）兄貴ッ、杉山の兄貴やおまへんか」
杉山と呼ばれた男、ゆっくり顔を上げ、記憶をさぐる。
谷口「ジロですねン、谷口のジロですねン」
杉山「よう、ジロー」
谷口「ヘエ……い、いつお帰りで……」
杉山「今、戻ったとこや」
谷口「そうでっか……よろしかったら、わいらのヤサへ来とくれやす。兄貴一人位、いくらでもしのげまっせ、な、そうしとくれやす」
それをビシッと制して、
本村「関係ないで、おまいらとは（杉山に）どや、少しブラブラしてみるか」
杉山「ああ……」
と、本村に続いて立上る。そのまま表へ
——見送る三人。
参謀「（訝し気に）兄貴ッ、誰やね」
谷口「ここのマスターと一緒や。特攻隊帰りで、愚連隊の創立者や」
参謀「さよか」
谷口「十四五年になるやろな。三国人バラして、放り込まれてたんや」
オケラ「ム所帰りか。どうりでえぇガンしとると思ったわ」
谷口「わいがゲソみがきしとった頃や。そらおもろかったで、あの頃の闇市は……兄貴ら、スルメで靴《げそ》の半張りしとってな——」

9　闇市（回想）

（全てが不安定なアングルで）

戦後の混乱期を象徴する混乱した闇市の姿。

軍隊帰りの恰好の本村が、スルメで靴の半張りをしている。

その隣り、杉山が叫んでいる。

杉山「さア、猫踊りや、猫踊り……猫が踊るよ、種も仕掛もないで。遠くアメリカはニューヨークで、銀シャリをたっぷり喰って育った猫や、そんじょそこらの猫と、猫がちゃうで」

成程、木ワクの中で、猫が踊っている——と云うより、暴れている。

感心している人々。

突然、黒川がとび込んで来る。その勢いでワクがふっとび、地面に埋めたトランがひっくり返り、その下の火がむき出しになる。

逃げる猫。

杉山「（構わず）どないしたんや、黒川」

黒川「追われとるんや」

早くも、杉山と黒川を取り囲む三国人、五六人。

杉山、足許にかくしてあった木剣を取り上

げるや、三国人の中に殴り込む。黒川も
——本村もかけつけて来る。
大乱闘。
その様を凝っと瞶めているズベ公の由美。
その残像を深く残して——。

10　**暮れなずむ京の街**

凝っと見おろす杉山——東山将軍塚の上である。
杉山「(ボソッと)どないしとる」
本村「(明るく)黒川か?……奴はバクチ打ちや。王城会のええ顔になっとるわ」
杉山「——(黒川じゃない、由美だ)」
本村「(不審気に)どないしたんや?」
杉山「いや——(と明るく)覚えとるで、黒川と三人で出世兄弟の盃かわしたろ。出世した奴が兄貴分や云うて。おまいが兄貴やな」
本村「(笑って)何を云うとんのや、今更。おれはもう堅気やないか。とにかく仕事が見つかる迄、おれン所でのんびりしいな」

11　**本村の家・玄関**

自動車が止り、本村と杉山が降りて来る。
本村、ベルを押しながら、
本村「(云いにくそうに)おまいには黙っとったけど、由美と一緒になったんや」
(由美ッ!!)となる杉山。その瞬間、玄関が開き、由美と子供の姿。
由美「(明るく)おかえんな……」
その眼が、ギクンと杉山に釘づけになる
——叩きつけるようなエレキバンドの演奏。

12　**ダンス喫茶**

低い天井のホールの中は、むせかえるような若者達の体臭。
歌う竹村。
その一隅のボックスに、谷口、参謀、オケラの三人。
三人の眼は、先刻から一人の男(大隅)を追っている。大隅、三人の視線に気づかず、馴れた風に、若い女の子達(とき子もいる)に近づく。
ボーイが、谷口達に近づく。
ボーイ「どうでんね、あのトコスケ」
谷口「ハクいわ。ええの探してくれたな」
ボーイ「せやけど、何でトコスケ狙いまんのや。スケやったら判るけど」
谷口「(笑って)こいつらの男前じゃ、スケコマすのに元手がいるやろ。ハクいトコスケやったら元手入らずや。奴にじゃんじゃんスケはコマさせるのや。スケでしのがんことには、ハクイしのぎもないさかいな」
ボーイ「(感心して)さすがや……」
谷口、至極満足気に、参謀に、
谷口「どや、ボチボチここへ呼ぼか」
参謀「O・K」
参謀、立上り、大隅に近づく。
谷口「(ボーイに)ジュース持って来てんか」
ボーイ「ヘイ」
ボーイ、去る。参謀、大隅を連れて来る。
大隅、谷口達の姿に、オドオドする。それを見透して、
オケラ「にいちゃん、派手にやってくれるな。ドタマへ来るで」
驚く大隅に、ニヤリと笑う谷口。

谷口「わいら愚連隊やね。ま、お坐り」
参謀、大隅を囲むように坐る。
谷口「どうや、わいらの仲間に入らへんか」
大隅、突然の話にとまどう。
参謀「おまいかてぐれとんのやろ」
大隅「ボク予備校へ行ってますのや」
谷口「こんなとこへ来てたら大学へ入れへんで」
大隅「入りとうないのや、あんなとこ……おやじが行け行け云うさかい。ボクの頭で入れへんの判ってるのや」
谷口「おやじ、大学出とらんのやろ」
大隅「?……おれは」
谷口「ええねええね、大学へ入ったかて何にもならへん。今はぐれとんので当り前や、世間が、そうさせてくれとんのやさかい、ありがたいこっちゃ、汗水たらして働いてたかて誰も相手にしてくれへん。間違うてぐれとる奴がようなってみい、更正や云うてごつう大騒ぎしてくれるで」
参謀「わいらどうきばったかて、社長になれる道理はないしな。昔の殿さんと一緒や、殿さんのガキやないとあかへんのや」
谷口「そこいくと愚連隊は民主主義やさかいな、バクチ打ちとちごうて親分もおらへんし……もうけた銭は、全部わいらで使えんのや、それもきれいに仲間うちで分けんのや。ほんまの民主主義やで」
曲が終り、ホールは一瞬湧きかえる。

13 本村の家・一室

グッと、一息にコップ酒をあふる杉山!
妙な気詰りで瞶る本村と由美。本村の膝には子供。
本村「どや、ボチボチ風呂に入らんか」
杉山「（弾き返すように）おのれが入ったらええやないか」
本村「（ムッとして）杉!!」
杉山「（酒の勢いで）何や?!」
本村、グッと感情をおさえる。
子供「（無心に）パパ、お風呂に入ろうよ」
本村「よし……（杉山に）入らして貰うで」
杉山「ああ」
本村、子供をつれて立上る。由美も立上る。
本村「（おさえて）いいから酌をしてろ」
子供を連れて去る。
杉山、由美の顔を凝っと瞶る。
由美「（耐りかねて）ひろしはん」
杉山、眼をそらし酒を飲む。
由美「……うちかて、あんたの帰るの待ってるつもりやった。けど、女って、一人で食べて行かれへんのよ」
杉山「喰う為に一緒になったんか」
由美「（詰る）……」
杉山「（冷たく笑って）ええやないか」
由美「（激して）うちは、今、仕合せです。誰にもこわされたくない、今の暮し」
ギクンと杉山の顔が歪む、鮮烈なイメージがよみがえる。

× ×

抱き合う杉山と由美。
裸の腕に、由美、ひろしの刺青。

× ×

由美「あんたのおらん間に世の中は変ったのよ、落着いてしまったのよ」
杉山、いきなり由美に振向く。由美の腕を

とる。

由美「(恐怖)何すんの?!」

杉山、由美の腕をまくり上げる。刺青はない。替って、その個所に、酷い刺青を消した跡のケロイド。

杉山、突然笑い出す。狂ったように笑いつづける。

風呂からとび出して来る本村が、
本村「杉!!」

ふり向く杉山。いきなり自分の荷物をとり上げ、とび出して行く。

呆然とつっ立つ由美。

14 夜の道

淋しさと焦立たしさの交錯した杉山の歩み。
杉山「(思わず呟く)ええかげんにせい」
背後から、自動車の音――急ブレーキで杉山の傍に止る。明るい声で、
「のらへんけ、おっさん」
ふり返る杉山の眼に、窓から顔をつき出した混血児(クロ)――人なつっこく、
クロ「安くまけとくぜ」

15 ヤサ

七条河原附近の不法住宅街の一隅。

汚いアパートの一室である。

雑然と三組のフトンが丸められ、家具はない。

大隅を囲んで谷口、参謀、オケラの三人。

谷口が愚連隊のチョウフを教えている。

谷口「頭がペテン、眼はガン、指はエンコ、腹がモサや。腹がへった時は、モサが、コケとる云うんや。男がトコスケ、女がナオスケ、ま、スケとも云うけどな、人の女房はバシタ、侍の言葉や、馬の下ちゅうこっちゃ。ええ女やなあ云う時は、ハクイスケや。家がヤサや、カンタン場ちゅうこともあるけどな。ふとんはカクラン。風呂がズンブリや、ズンブリ入るさかいや。自動車がオートで、汽車がハコ、警察は赤いトコヤ。あいつは赤チャンや云うたらサツのまわし者や云うこっちゃさかい、気いつけなアあかんで」

参謀「ポリ公はデボチンや。デボチンめ、わい等と共産党を目の仇にしとるさかいな。デボチンが来たらズラかるこっちゃ。日本のデボチンの勢力は、大したもんやさかい。それに、日本の検事は何とかして罪人つくりたがるやろ。イギリスじゃ弁護士三年やらんと検事になれへんのや。日本じゃ検事やってから弁護士やろ。えらい違いでこらア……」

オケラ「ほんまに、ドタマかち割ってやったらいいのや」

谷口「それからな、仁義や。仁義ちゅうたら正式のあいさつやさかい、ナアナアのもん……愚連隊仲間がナアナアのもんや。会うた時、しゃきっときれんとあかんしな(オケラに)やってみい」

オケラ「よっしゃ」

と、立ち上る。その時、表から、

「兄貴イ、ドロンや」

参謀「クロや」

――。

オケラ、早くもとび出す、つづいて参謀も
谷口「ドロンちゅうのは只のりのこっちゃ」

云いざま、谷口も走り出す。

16　同・表

クロが、白タクの傍で、杉山を押えつけて叫んでいる。

クロ「ドロンや、ドロンや」

走り出て来た参謀とオケラ、キョトンと棒立ち。

クロ「（二人の姿に）どないしたんや」

遅れて出て来た谷口が、驚きの声。

谷口「兄貴ッ、兄貴やないか」

杉山「よう、おまいか」

谷口「本村の兄貴は？」

杉山「別れて来たんや、丁度ええわい、カンタン場かりるで」

谷口「ヘエ」

杉山「ま、新面《あらめん》さんも多いこっちゃ、仁義きらしてもらうか」

と身構え、酔った勢いで、

「大道三寸かりうけまして、青天井見晴しの仁義、失礼さんにござんす。手前生国は関西にござんす。関西々々と申しましてもいささか広うござんす、関西は、浪花何兵エ不落の城下、淀川ジョーキが、四とん五とんのぼりつめます十三里、山又山に囲まれます、古の王城の地、花の都は京都にござんす――」

見事に仁義を切る杉山の姿を、ボー然と瞶る一同。

電車の過ぎ去る音――。

（F・O）

S#1から16は、893の六人を紹介しつつ彼らのしのぎ方を描き、エピソードをつなぎながら、こいつらは何者なのか、どんな考え方、どんな生き方をしているのかを描いています。

S#16の最後の「F・O」はフェード・アウトという意味です。舞台でいえば幕が降りること。シナリオ上では一区切りです。監督としていうと、フェード・アウトもフェード・インも好きではありません。画を連続させることをモットーにしているので、連続性がある方がいいと思うからです。フェード・アウトの印象は、ほかの手法でいくらでも作ることができます。

話が脇道へそれましたが、S#1から順を追って説明して参りましょう。

S#1は京都の全景を見せる必要があります。ですから、できるだけ京都市街が見渡せる場所にキャメラをすえたロングショットで撮ることが必要でした。映像ではさらに京都駅をとらえています。

S#2は京都駅前。S#1とS#2の、二つのシーンの時間の流れは一緒です。だから映画を見たら、S#1とS#2の区別は分かりにくいと思います。いつのまにか、S#1からS#2へ入っている。しかしそれは、映像のつなぎ方の問題で、シナリオ上では分けておいた方が、イメージとしてははっきりします。

京都駅の構内や付近を撮るためにはテクニックが必要です。キャメラが見つからないようにしないといけません。キャメラが露出したら一般の人たちがみんなキャメラに注目しちゃうからね。この時は、荷物運搬車に箱を乗せ、箱の中にキャメラマンとキャメラを入れて、箱に穴を一つあけました。そして駅員に見えるスタッフがその運搬車を押して、移動しながら撮影しました。こうすると普通の人にはほとんど分からない。リハーサルは別の場所ですませています。弘樹ちゃんは人気者だから撮影の直前まで隠れていました。弘樹ちゃんにからむ人はプロの俳優さんたちです。移動車が近づいてきたら、さっと芝居をして撮る。ぶっつけ本番、完全に盗み撮りです。

S#1から始まって、京都駅での白タクのエピソードにつながります。白タクに勧誘して、ケンがお客さんを運ぶ。みみっちいしのぎです。かせいだカネは均等に分ける。「ナミチョウやで」という科白は、均等に分けるという隠語です。でも駅にとっては反社会的な存在だから、とがめられて、タクシーで逃げる。

S#5。逃げる途中でタクシーの運転手さんが急ブレーキを踏みました。この急ブレーキはラストのアクションの伏線です。われわれの言葉では「前売り」とか「ウリをしておく」といいます。こうしておくと、タクシーの動きを無駄にせずに、なおかつ最後のアクションでの説明もいりません。

S#6。タクシーを降りる時は常套手段を使います。当時のタクシーは何十円だから、一万円札を出したら運転手さんはお釣を持ってない。これを利用する。これも相当みみっちい手段だね。実際に映画でやられたから手の内がばれたって、あとで本職の連中におこられました。

S#7。次に出てくるたこ焼きのただ食いも、相当みみっちい。

S#8。喫茶店にも、ただ食いしようと思って入って行ったんだよ。そしたら谷口が知っている杉山という男がいた。その店のマスターもまた、谷口を知っている昔の杉山の仲間である本村だった。ここで杉山の紹介をし、同時に組織に入った黒川と、杉山の羨望の的になる本村を紹介します。

S#9には、谷口の回想として一〇年前のイメージが登場します。回想では大切なのは、誰の回想であるかを明確にさせておくことです。この場合、回想には谷口の視点で入るけれど、回想あけは、杉山と本村に戻ってきます。杉山と本村は、あの回想に登場してきた状況を一緒に体験してきた仲です。

S#10、11で杉山は、本村にさそわれて本村の家へ行きます。杉山は玄関から出てきた由美を見て衝撃を受けました。S#12では８９３連中が出てきます。連中はすけこましをやることにして、それができる人材をスカウトしている。

S#13。かたや本村の家では、杉山と本村と今では本村の女房になっている由美が食事をしています。そして杉山を追いながら、本村と由美がどんなくらしをしているのかを描いてゆく。S#14。杉山はたえられなくて本村の家を飛び出す。

所変わってS#15。今度は８９３連中が大隅をヤサに連れ込んで、隠語や連中の特殊性を紹介します。S#16。そこへケンが杉山を連れて帰ってくる。こうして８９３の六人が出そろいました。

シーンごとにすべて意味があります。ここは、エピソードを追いながら８９３六人のキャラクターを紹介してゆくくだりが重ねられています。８９３連中の生態を描く一方で、杉山という世代のちがう人間を取りこみ、杉山の過去を紹介し、杉山はなぜ893連中と結びついたのかも紹介しています。さらに新入りの大隅の紹介がある。新入りの大隅に教えてゆく形で、893連中の特殊性を紹介してゆくという手法です。

大きな流れとして、893全体を見つめるという視点は一つです。しかし谷口たち893連中と杉山は、生きてきたペースがまったくちがっている。だから作り手の視点は、893全体の中の杉山を描こうとする視点と、谷口たちを描こうとする視点に分かれます。視点が二つあるのです。

杉山のエピソードも893連中のエピソードも、けっして本村や由美の側から描いていません。由美が現れた時の驚きも杉山の視点です。由美と自分の過去を思い出し、由美の刺青がどうなったかを確認するのも杉山ですね。ゲラゲラ笑って外に飛び出して「ええ加減にせえや」とつぶやくのも杉山。すべて杉山を追っています。

これらのシーンの作り方は、893全体を一つの視点で追い、杉山が現れたことによって作り手の視点が杉山に変わり、また一方で893連中を追ってゆく、という形になっています。そして杉山が連中のヤサに来るという形で893連中と合流させる。時間的な計算をしながら両者を交錯させ、対比的に両者を見せてゆきます。

杉山と連中を対比させるためには、両者の生き方や生きてきたそのあり方を、画面上でぶつけた方がいい。そのためにシーンを交錯させるという手法を使っています。

S# 17〜25

17 同（翌日の昼近く）
五条、四条の大橋を通して山脈。
クロが一人、白タクを洗っている。

杉山が起き出したままの恰好でヤサから出て来る。クロ、見つけて、人なつっこく、
クロ「オスッ」

杉山「おまいの車か」
クロ「借りものや。これかて一日五百円やで」
杉山「ええ車やないか」

クロ「あかんわ。ガタガタや。おれの車やったらうんともうかんのになア……なア、杉山はん、杉山はんは兵隊だったそうやね」
杉山「飛行機のりや」
クロ「うちのパパと戦争したんやろ」
　杉山、ギクッと、クロを瞶る。
杉山「戦争はしてへん。する前に負けたわ」
クロ「そやけど、兵隊やったんやろ」
　頷く杉山。
クロ「どっかで、うちのパパと会うてたかも知れんな」
杉山「会うてる訳ないやないけ（と話題を転ずるように）……みんなは？」
クロ「しのぎに出たわ。不景気やさかい、えらいこっちゃ」
　クロの言葉には、妙な実感がある。

18　××病院・廊下

　参謀が、辺りをキョロキョロ見まわしながら来る。特別室の前、――ニヤッと笑ってドアを叩く。家政婦が顔を出す。参謀、神妙な顔附で、
参謀「人の道からまいりました。お掃除させておくれやす」
家政婦「掃除はすんでますけど」
参謀「人の道からまいったもんです。して帰りまへんと人の道にはずれますさかい」
　それでもしぶる家政婦に、
参謀「では、ほんの真似事だけでも」
　と、強引に中へ入って行く。

19　同・病室

　参謀、全く申し訳程度に掃除。
　家政婦、患者（西川織物の社長西川）に、
家政婦「人の道の方だそうどす」
西川「お茶でも差し上げな」
家政婦「はい……（参謀に）お茶どうどす」
参謀「（悪びれず）こら、おおきに」
　チョコンと椅子に坐り込むや、
参謀「（西川に）具合は如何です。ほんまに病気ちゅう奴はあきまへんな、わても胸患うて一年程寝とりましたさかい――旦那はんは、どこが」
西川「全部や」
参謀「全部？……そらいけまへんな」
　家政婦、お茶と菓子を出す。
参謀「おおきに……（菓子をつまみ）それにしても不景気だすな。旦那はんなどこうして養生出来てええ身分だすけど」
　ドアがノックされる。家政婦が立つ前に身軽にドアを開ける参謀。
　入って来る男、高利貸の戸川。
戸川「どうや西川はん、ええ加減に退院したら、いずれにせえ、期日通り、片はきっちりつけさせてもらいまっせ」
　参謀の目が、輝き出す。

20　パチンコ屋

　激しい騒音の中、オケラが玉を弾いている。
　その背に「兄貴!!」
オケラ「（振り向き）ヨウ、来とったんか」
大隅が、ニコニコと立っている。
大隅「（眼くばせ）三十四番打ちいな」
オケラ「ん？……」
　大隅、ニコニコと台の上を仰ぐ。
　とき子が、大隅にウインク。

オケラ「ほんまにエンコの早い奴ちゃな」
感心しながら三十四番に移る。成程、どんどん玉が出る。喜ぶオケラ。
その傍へ、玉井（王城会のやくざ）が、スッと寄り、
オケラ「へエ、おかげさんで……」
玉井「えろう派手にやってるやないけ」
玉井、黙って皿の玉を一つかみ取り、台を求めて去って行く。
大隅「誰やね？」
オケラ「バクチ打ちや、この店も奴等のシマやさかい、仲良うしてた方が得やで」
何気なく通りすぎる学生が、オケラの身体にふれる。
オケラ「（カッとなり）気いつけい、ドタマカチ割るで」
びっくりして逃げる学生。

21　はる美のアパート

食事の仕度をするはる美——ふとんの上に腹ばいになる谷口、身を伸して鏡台の上のはる美の財布をとる。
はる美「（気附かず）ねえ、女の子、いつつれて来てくれんのよ」
谷口「すぐや」
はる美「ほんまに近頃の子ときたら、結婚することになりましたから止めます。これだけや。お世話さんとも云わへん」
谷口「（札を抜きながら）……」
はる美、気づいて、
はる美「あんた……又」
谷口「（空の財布を放り）不景気やさかいな」
はる美「アーア、うちもええ男見つけて結婚しよかな」
谷口「結構だんな」
はる美「ねえ、ええかげんに、世帯もたへん。こないなことしてたかて」
谷口「いやや……飼い殺しはごめんや……それより、どや、話によっちゃ別れてやってもええで。その代り、手切れ金や」
はる美「そんなもんいらんわ」
谷口「アホ、わいが貰うんや、そうやな二十万でええわ、二十万くれたら別れたるわ」
はる美「アホらし」
ドアの外から声。
「谷口はんに電話どっせ」
反射的に——
はる美「（猫なで声）へッ、おおきに」
むっくり起上る谷口。

22　赤電話

参謀が受話器をもっている。

参謀「アッ、兄貴でっか。ハックイしのぎや。すぐ来とくれやす、え？　……ヘッヘッヘッ、西陣の倒産会社の社長ですねん。じゃ××病院で待ってますさかい」

ガチャンと受話器を置く。

23　××病院・病室

さい前とはガラリと変って図々しくベッドの上にあぐらをかいて坐る西川。
対して谷口と参謀——家政婦はいない。
西川「で、どないにするのや」
谷口「へえ、一番ええのは、わいらあてに借用書を書いてもらいまんのや。百万なら百万、日附はずっと前がよろしな——それを持って

わいらが債権者会議に出まんのや」
西川「フン、そいで」
谷口「百万分だけでも。担保おさえまんのや、二重でも三重でも構しまへん、そこがわいらの腕や。ま、そしたら、その分だけでも旦那はんに残りますやろ」
西川「大丈夫かいな」
谷口「まかしといておくれやす」
西川「よっしゃ、うまくいったら七三やで」
谷口「よろしおま……そらそうと、旦那はん会議に出てくれますやろな」
西川「出たいのやけど……入院費一文も払うてへんのや」
谷口「何云うとりますねン、払うてへんちゅたかて、病人やないもん……構しまへん、逃げ出したらよろしがな。善は急げや。さッ、今すぐ退院したらよろし、仕度しい、仕度しい」
西川をベッドからおろす。

24 同・事務室

事務長の許へとんで来る看護婦。

看護婦「事務長!!」
事務長「何だ？」
看護婦「三〇五号室の患者が」
事務長「三〇五号室？……西川か、いかん」
そこへ、ぬっと入って来る谷口と参謀。
谷口「ごめんやす」
事務長「どなたです」
谷口「西川はんの身内のもんでっけどな」
看護婦「この人達です。この人達が」
事務長「勝手なことをしてもらっては困りますな。西川さんは——」
谷口「入院費どっしゃろ」
事務長「払っていただかんことには」
谷口「あきまへん」
事務長「あきまへん……？」
谷口「天理教ですわ」
事務長「えっ?!……」
谷口「払いたーまえ。払いたーまえ。西川はん借金で家屋敷全部、払いたーまえだすがな。代りに、どないだ。こいつ人質に置いときまひょ」
参謀「わい、いてまっせ（看護婦に）こんなきれいな姐ちゃんと一緒やったらいつまでもいてるわ」
事務長「き、きみ達、か、帰りなさい、帰れ!!」
谷口「（平然と）ヘッ、おおきに」
ひょうひょうと出て行く二人。

25 同・表

出て来る谷口と参謀——背広姿でタクシーを止めて待つ西川が声をかける。
西川「おう、ここやここや」
近寄る二人に、
西川「どやった」
谷口「（胸を叩き）まかしといておくれやす、スカタンはせえしまへん」
西川「ほンなら明日、頼ンまっせ。三百万借用書、書いとくさかい。そうや、今夜ンでも取りに来てもらおか。いろいろ打ち合せもあるしな。住所はここや（と紙切れを渡し、ニヤリとして小指を立て）これンとこや。ほんなら、間違いのう頼ンだで」
タクシーに乗り込み、去る。

参謀「（見送り）がめついぢぢいや、この分やと、メカケンとこにもだいぶ貯め込んでまっせ」
谷口「よっしゃ。あんな奴、七三にすることないで、折半や」
参謀「ま、三百万の担保に百万とれたとして五十万や、兄貴、五十万やで」
二人の顔が笑いに崩れる。
谷口「久しぶりに、一丁派手に遊べるで」
参謀「スケコマして、パァーッと飛行機で旅行や!!」

S#17からは日付が変わります。S#1から16までは一日の話だけど、S#17は何日後の話か分かりません。何日か後だけど、必ずしも翌朝というわけではない。でも、そんなに日が離れているわけではないですね。

六人の893グループが形成されました。杉山は違和感を持ちながらも古株、大隅は新入りです。さてこの連中は次に何をするでしょう。S#25までで描こうとしていることを説明しましょう。

S#17は、車の運転でかせいでいるケンと杉山です。「うちのパパとあんたは戦争で会ってるかも知れないね」というケンの科白を、ここでいわせておく必要があります。パパを知らないケンにとって、杉山はパパを探す手掛かりみたいな気がする。そういう気持がこの科白にこめられています。

一方その頃、参謀がボランティアづらして病室へ入りこみ、いいカモを見つけました。

オケラと大隅はパチンコ屋でみみっちいしのぎをやっています。そこへちらっと組織の影が現れるけれど、組織のやつもひどくみみっちい男です。

谷口は昼間から同棲している女と一緒にいるが、これも非常にみみっちい。

そこへ参謀からいい知らせが入ってきます。

谷口と参謀は、大きなしのぎを見つけて実行に移りました。これまでは全部みみっちいしのぎの集積でしたが、今度こそ大ヤマが当たるぞと取らぬ狸の皮算用で大喜びです。

この一くくりが、S#17から25までです。

この場合、六人それぞれを描いていますが、視点は一つです。ここのシーンは、視点をそんなに変えず893グループ全体を見て並べています。

S#26

26　ネオンの光芒

［弾みをつける手法］

S#25の終わりで「飛行機で旅行や」といったあと、S#26で夜の町の描写が入ります。いきなりスナックのシーンに持ってくる手もありますが、ここに夜の描写を入れると弾みがつきます。これは見せるためのテクニックです。映像をつないでゆくテクニックですが、シナリオ上でシーンとして設定しておく必要があります。弾みをつけるという意味でも「ネオンの光芒」という表現を使っています。

音楽を入れる時も、こういうことを考えます。音楽はスナックから入れてもかまいませんが、ここには芝居が入るからあまり良くありません。さらに弾みのためには前のシーンの最後にぶつけて音楽を入れ、情景シーンは音楽にゆだねています。こうすることで、彼らの心情に弾みをつけているのです。「ネオンの光芒」と書いた時は、どんな画にするかあまりイメージはありませんでした。結局、四条河原町の交差点を撮りました。

27 洋酒喫茶・××

流れるムード・ミュージィック。
大隅が、のぶ子と寄りそうように話し合っている。

大隅「映画館の中では、とてもそんなに見えなかった。結婚しとるなんて」

のぶ子「暗かったからよ……（フッと笑って）でも、ええわね学生って。勤め人てダメよ、毎日々々同じことのくり返しで。結婚なんかするんじゃなかった」

大隅「止めたらええやないか」

のぶ子「え?!」

大隅「別れたらええやないか」

のぶ子「フフフ……もっとええ人がいたら……」

大隅、チラッと一方に合図。片隅で飲んでいたオケラ、やおら立上ると肩をゆすってのぶ子の隣のスタンドに荒々しく坐る。

オケラ「ハイボールや」

ジロッと、オケラを見るのぶ子――オケラの視線とガチッとぶつかる。

オケラ「何や、わいの顔がおもろいてか」

のぶ子、おじ気づいて。

オケラ「よう、ねえちゃん、何とか云ったらどやね」

ポンと、椅子から降りる。

大隅「（落ちついて）止めてんか」

オケラ「何やねんおまいは。おもろいやないけ、わいに因縁つけようてか」

大隅「因縁つけるのはそっちゃないか」

のぶ子慌てて、大隅に、

のぶ子「待って！　ねえ」

大隅「構わんといてな」

と、のぶ子を押しやる。

オケラ「このガキ!!」

いきなり、大隅を殴る。
大隅も「野郎!!」とばかりに殴りかえす。なれ合いながら、派手な喧嘩。
只、オロオロするのぶ子。

28 鴨川べり

大隅とのぶ子が歩いて来る。
大隅、痛そうに、頬をおさえる。

のぶ子「（心配そうに）痛む?」

大隅「大したことあらへん」

のぶ子「かんにんな」

大隅「奥さんのせいやあらへん」

のぶ子「でも……」

フッと大隅の気配に立止る。大隅の白い顔が眼の前にある。

のぶ子「……」

大隅「奥さん」

いきなりのぶ子の手を握る。

のぶ子「……」

大隅、のぶ子の手をグイと引き、いきなり口づけ。応えるのぶ子。

29 ホテル・一室

裸身を横たえる大隅とのぶ子。乱れた空気が充ちている。

大隅「そろそろ帰らんとあかんやろ」
のぶ子「（陶然と）出張やもん、大丈夫や」
大隅「……」
のぶ子「ねえ、今度から家へこない、昼間やったらいつでもいいわ……電話さえしてくれたら……ね、うんと云って……」
大隅ニコニコ笑う。のぶ子、耐らぬという風に、激しく口づけ。

30 団地
ふてくされたように来る大隅。

31 のぶ子の家・表
大隅が来る。表札を見て一瞬ためらうがベルを押す。
中からドアが開き、のぶ子が顔を出す。
のぶ子「まあ……」
大隅「（親指を立て）いてるか」
頭を振るのぶ子、急いでドアを閉める。
のぶ子「どうしたの、電話してくれって云ったやない」
大隅「金が欲しいんや」
のぶ子「えっ!!」
大隅「こないだの愚連隊にたかられとるんや殺されるかも知れへん」
のぶ子「あんた!!」
大隅「奥さんの為やさかい、どうなってもええけど」
のぶ子「そんな……警察へ云うたら」
大隅「ばれるやないか、奥さんの事」
のぶ子「……（蒼白な顔）いくらなの……そのお金?」
大隅「十万や」
のぶ子「えっ?!……（急に取り乱し）うち……うちだけやないやないの……あんたかて……ねえ、何とかならないの……何とかしてよ……うちは、只……」
うろたえるのぶ子を冷やかに瞶る大隅。

32 西川織物・表
クロが車に乗ってポータブルから流れるジャズを聞いている。

33 同・内部
西川を囲んで戸川達債権者——谷口、参謀、オケラの三人が、西川の背後にふんぞり返っている。
戸川「（憮然と）こんな債権者がいてるなんてことは昨日迄聞いてまへんなんだのでな」
谷口「やったらわい等債権者やないと云うのか、何ぬかしとんのや。この借用書見てみい、三百万やで、三百万」
男A「三百万云うたら、わしらの取り分はどないなりまんのや」
西川「何ちゅうたかて、わしの財産はこの家屋敷だけや、好きなように話し合うたらええやないけ」
谷口「よっしゃ（と、参謀に）ガタガタ云うてたかて始まらへんわ、ボチボチわいらの分、運び出そか」
立上る三人——表に車の止る音。
戸川「（ニヤリと笑って）慌てなさんな、谷口はん」
谷口「何やて?……」
黒川が、玉井をつれて入って来る。

アッ!! となる谷口達。
黒川「何や、おまいらかいな……どや、ええ加減なとこで、手引いてもらおか」
谷口「何云うとんのや、わいら別に」
黒川「ネタは上っとんのや。谷口、わいらおとなしゅう話つけようと思っとんのやで（凄みがある）」
谷口「わいらかて……せやけど、これがしのぎやさかいな」
黒川「（ニヤリと笑い）皆さんにお話して、少々のイロはつけようやないか、どや、ここはわいの顔立てて引上げてくれへんか」
玉井の、ふところ手が不気味。
谷口「（参謀達に）どないする、オトシマエだけであがるか？」
参謀「しゃないな」
オケラも頷く――谷口、ポケットから借用書を出し、渡す。
西川、絶望的に、谷口にすがり、
「ま、まってえな、わ、わては……」
谷口「しゃあないやないけ、欲ばり爺い、メカケでも売っとばしてがまんしとき」
西川をはねのける。

［エピソードを重ねてゆく］

大隅を追っています。大隅が、オケラと大喧嘩するというテクニックを使ってのぶ子の同情を買います。美貌と同情でこういう関係になった。そして開き直ります。これも彼らの手口の紹介です。

一方、大金が転がりこむと喜んでいた谷口たちはどうなったか。大隅と谷口たちをカットバックでつなぐ手法もあるけれど、この場合は交錯させるとつまらない。それぞれをきちっと見せた方が、連中の手口が明快になります。そのためにあえて、大隅は大隅、谷口たちは谷口たちと、はっきり分けて描きました。

そしてその最後に、連中対組織という対立関係が生まれてきました。取らぬ狸の皮算用だったことと、連中の前に組織という障害物が現れたことを見せています。通常やくざ映画やアクション映画で対立関係を描く場合は、もっと早く両者を対立させねばなりません。抗争を主にするものやアクションを見せるものでは、敵味方を早くから鮮明にしておく必要があります。ここではそれが主眼ではないので、あまりこれ見よがしにならないように組織を登場させることにしました。連中がうまくゆきそうだったところに組織がすっと現れ、次第にその障害物が肥大化してくるという形で見せてゆきます。

このくだりは、８９３連中に視点を置きながら、やっと大きなしのぎの口を見つけ、成功しそうなところに対立物が現れました、というところが締めです。けれど連中の組織に対する姿勢としては、絶対に戦わない、ということですからね。たとえ対立物が現れても、サスペンスはかかりません。あくまでこの事態を８９３連中がどう受けたのかという「受け」で終わっています。

「受け」というのは、ある出来事を登場人物がどう受けとめるかということです。登場人物（達）がある事態に対してどんな行動を起こすか、それと同時にどんな受けとめ方をするか。そのことで、その登場人物（達）のキャラクターが鮮明になると同時に、ドラマの次の展開が決まってくるのです。ぼくの場合、シナリオでも演出上でもこの「受け」を非常に大切に扱っています。

S#34・35

34　四条通り

黒川、玉井、戸川が笑いながら来る。

玉井「知れてまんな、愚連隊は……」

黒川「あんなもん、オトシマエかてやることないで」

その黒川の眼が、ギクッと止る。

黒川「杉ッ……杉と違うか」

パチンコ屋から出て来た杉山が、黒川に気付き、

杉山「黒川か……」

35　バー・はる

カウンターに坐る杉山と黒川、

黒川「水くさい奴ちゃな、いつ戻ったんや」

杉山「……」

黒川「一言、声かけてくれればええのに」

杉山「変ってもうたさかいにな」

黒川「何がや?……」
杉山「何もかもや」
黒川「で、どないしとんのや、今」
杉山「愚連隊や」
黒川「何?!……おまえ……ええ年さらして愚連隊に戻ることないやないか、あらおまいルンペンやで、どや、うちの組へ来んか、おまいには、世話になっとるしな、親分に話したるで」
杉山「バクチ打ちはあかんわ」
黒川「何でや!」
杉山「親分持ちは性に合わん。天皇陛下たら親分たら云うもんは嫌いやね」
黒川「相変らずやな、おまい」
そこへとび込んで来る吉沢（王城会の一人）玉井に耳打ち、
玉井「兄貴、一寸」
席を立つ黒川、その耳許に玉井が囁く、
玉井「親分がサツに上げられたそうでっせ」
黒川「何?!……」

［杉山と893／杉山と組織］

このくだりは、杉山と893連中の関係を描いています。回想でも出てきたけれど、杉山と893連中は世代がちがいますね。杉山は組織の若頭である黒川と同世代です。その年代である杉山がどういう考え方を持っているか。ゆくゆくは杉山と組織の対立になる伏線でもあるので、杉山と黒川をきっちり押さえておかなければいけません。その後のドラマを予想しながらストーリーを作っておくのです。杉山対黒川、最後には杉山が殺されますが、そのためにはこの段階で、二人の関係、二人の考え方のちがいをはっきりとつかんでおく必要があります。

S#35は、ぼくが杉山に一番共感できるシーンです。杉山が科白をいうところで突然、音声が消えて口がぱくぱく動くだけの、いわゆる口ぱくになるだろ。あれは、「天皇陛下たら親分たら云うもんは、嫌いやね」という科白でした。この科白に映倫が大騒ぎしたのです。天皇陛下とやくざの親分を同じにするとは何事だって。そして大もめにもめたあげく、声だけを外さざるをえなくなりました。

杉山は、組織とは相容れない価値観で生きています。だから黒川との間には大きな溝があります。杉山は谷口たちにも溝を感じているけれど、黒川との間にある溝の方が大きい。だから杉山は、黒川の話はあっさり蹴ってしまいました。このシーンは、今後のドラマを見てもらう上できっちり描く必要があります。同時に、杉山に仮託して何かを語らせようとする作り手の下心も含まれています。

ところで、作り手の気持ちをすべて科白にして登場人物に語らせることは、あまり得策ではありません。演説と同じようなものだからね。シナリオ書きにまだ慣れないうちは、自分の思いをメッセージしようとして、ついつい自分が仮託している登場人物にしゃべらせてしまいます。これはとても簡単だけど、一歩まちがえば演説ドラマになります。若い人のシナリオを読んでいると、これが目立つね。思いを仮託している登場人物に自分の思いをしゃべらせようと思うなら、上手に消化して放りこまないといけません。登場人物がドラマ上で必要な科白として用いるならかまわない。その科白をあらかじめ用意しておいて、どこかで使ってやろうと考えていると、登場人物が勝手に動き出しさえすれば、ドラマの中で自然に使える箇所が出てくるものです。これはまだ未熟なシナリオだから生っぽい科白がたくさん出てきますが、上手なシナリオには自分のいいたいことがさらっと出ている。ここでも、そうしようと思って一生懸命やってはいるのですが、まだ駄目です。

とにかくS#35では、杉山が黒川と会ってお互いの価値観をぶつけ合います。この場面で、主要な登場人物である杉山と黒川の考え方やキャラクターが明確になりました。

一方８９３連中は、せっかくのカネもうけの計画が駄目になった。連中はそれをどう受けとめ、次の行動に移ってゆくのでしょう。その対比を見てください。おカネもうけがパーになった直後、連中がその事柄をどう受けとめてどう動くか。これを直接つないで語ることもできる。しかしこの場合は、あえて間に杉山と組織の問題を入れ、両者を交錯させながら見せています。この方が両者の差がはっきりするからです。
これ以降のドラマの展開は、しばらく杉山というある価値観を持っている男と、価値観のない８９３連中がどうからみ合い、どう葛藤し合ってゆくのかを描きます。これが中盤ドラマの一つの推進力にもなっています。

S#36〜39

36 ヤサ

裸の一升びんを立てて飲んでいる谷口、参謀、オケラ、クロ。
黒川達に対する憤懣が、酒の勢いで爆発している。

参謀「五十万がパアや」
オケラ「ほんまに、バクチ打ちのアホンダレめ」
参謀「ドタマぶち割って、ストローでノーミソチュウチュウ吸うたるでェ」
谷口「こないな具合にか」
と、クロの頭に箸を立て吸う真似。
参謀「そやそや、ヘッ、今に見ておれ、ハックイ山ぶち当てて……わい等バクチ打ちとちゃうで。ここで（頭を指し）勝負すんのや。スケでガバッともうけたるで」
オケラ「オカマが、じゃんじゃんスケ、コマして来るさかいにな」
参謀「そン時は、みんな重役や。クロ、おまいも重役やで」
クロ「おれ、タクシー会社がええわ」
谷口「アホンダレ、乗りもんは乗りもんでもスケの方がハックイわ」
ワッと笑う谷口、オケラ。
ドアが開く。
大隅が、のぶ子を抱きすくめるようにして立っている。
のぶ子、一座の雰囲気に、怖れをいだき、逃げようとする。
大隅「（ぐっと抱き）バタバタすんな（と一同に）旦那にあきあきしとるそうや。みんなでかわいがってやってえな」
オケラ「よっしゃ」
酔った勢いで、いきなりのぶ子を抱き室内へ引きずり込む。
のぶ子「何すんの!!」
激しくオケラをふりはらい逃げようとする。
ドアを閉める大隅――いきなりもがくのぶ子を、殴りつける。
アッ!! と、柱にもたれるのぶ子。
その背を、ドンとつく大隅、のぶ子、もろく、オケラの前にころがる。
一升びんが倒れる。
のぶ子の裾が乱れる。参謀、ヒッヒッと笑いながらのぶ子の足を捉む。

のぶ子「かんにんして、かんにんして」
悲痛な叫び――。
冷やかに見おろしている大隅。
対象的に、ひきつるクロの顔――いきなり立ち上ると、表へとび出して行く。
谷口「クロッ!!」

37　同・表
とび出して来るクロ――ギクッと立止る。
杉山が立っている。
クロ「――」
杉山「どないしたんや」
クロ、今にも泣き出しそうな顔。
杉山、ヤサへかけ込んで行く。

38　同・内部
かけ込んで来る杉山、ドアを開く。
手前に、冷い大隅の顔。
のぶ子の叫び。
杉山、バタンと、ドアを閉める。

39　同・表
車の傍に、ポツンとつっ立つクロ。
杉山が寄って来る。
杉山「しゃあないやないけ」
クロ「(激しく頭を振る)……」
杉山「(痛まし気に)クロ」
クロ「ママは強姦されたんや。そいで、おれが生れたんや」
杉山、愕然とクロを瞶る。
クロ「生れたおれが黒いのを見て、ママは自殺したんや」
杉山「(言葉がない)――」
電車が、通りすぎて行く。
再び、静寂が戻る。
杉山「忘れたらええのや、昔のことは忘れたらええのや」
クロ「忘れたかて、おれの色は黒や」
杉山、再びぐっと詰まる。
クロ、激しい感情のたかぶりをおさえている。
杉山「(気を変えるように)ム所にいた時な、気がムシャクシャして耐らんようになると唄うた唄があんのや」
クロ「――」
杉山「唄うてええか」
頷くクロ――。
杉山、ボソッと唄い出す。
〽男なら　男なら
未練残すな　昔の夢に
もとをたたせば　裸じゃないか
度胸一つで　押して行け
男なら　やってみな

（F・O）

［それぞれの対立／８９３、杉山、組織］

S#36は、おカネもうけがパーになった８９３連中です。そこへのぶ子が連れ込まれ、連中がのぶ子をおもちゃにする。ケンは彼らの行動について行けなくて表に飛び出す。そこへ杉山が帰ってくる。杉山はケンの様子がおかしいから変だと思ってヤサの中をのぞいてびっくりする。杉山は違和感を持ちながらも８９３連中と一緒になっていましたが、これをきっかけに連中と決定的なちがいが生まれてきます。その内容を映像で見てください。

ここでまたＦ・Ｏが出てきます。幕が降りるような効果を出す手法ですね。

ここまでで、すべての登場人物とそれぞれの価値観が紹介されました。

物語を展開させてゆく時は、ただ出来事が起こればいいということではありません。くどいようですが、その出来事を登場人物たちがどう受けとめたのかが大切です。出来事を受けとめるから、次の行動が始まるのです。

S#33でおカネもうけが駄目になったことを、８９３連中はS#36で受けとめました。この受けとめ方が次の行動につながってゆきます。８９３連中の一連の失敗から次のしのぎへという動き。それに対して杉山は、このことをどう受けとめたか。

８９３連中はS#36で楽しんでいるけれど、杉山はケンの出生も思い浮かべて、もろに否定的に受けとめます。この杉山の受けとめ方が、８９３連中との決定的なちがいになってゆく。四対二という人数の対立と同時に、価値観のちがいも出てきました。この杉山の受けが、次のドラマの展開につながります。

S#40〜50

40 玉つき屋

杉山が谷口、参謀、オケラ、大隅を前に興奮の態。

杉山「そら、わいら愚連隊や。せやけど愚連隊やちゅうて何してもええのとちゃうで。他人のバシタをたらいまわしにして売っとばす。おまいらのしとることは、弱い者いじめやないか」

参謀「わいらかていじめられとりますさかい……あいこや」

オケラ「そうや、スケかてしのぎの一つや」

杉山「アホンダラ、しのぎやったら、他にいくらでもあるやないか」

参謀「ほう、ありまっかね。あったら教えて欲しいもんや」

杉山「わいらの頃はな、スルメで靴の半張りしたり、ガマ、箱づめにして、四角いガマや云うてみたり……そや、米かっぱらったらどや。衣料品かて、ええしのぎになるやろ」

一同の軽べつの眼差し。

谷口「兄貴ッ」

杉山「何や」

谷口「兄貴の頃とちゃうのや、喰いもんや着るものは、あり余っとんのや」

杉山「せやかて、おのれら、喰えんさかい、愚連隊になっとんのやろ」

参謀「アホらし」

杉山「じゃなんでや」

参謀「おもろうないからや。スケかてチャンチャンこましたらええのや」

杉山「（どなる）何やと!!」

谷口「兄貴ッ、どなることないやないか」

参謀「そうや……杉山はん、あんたわいらに向ってハックイ口きいてまっけど、誰のおかげでしのいでまんのや。みんなわいらのしのぎやおまへんか。愚連隊にしのぎのええ者が兄貴や、そうきめはったの杉山はんらでっしゃろ」

詰る杉山——谷口、なだめるように、

谷口「ま、兄貴、つまらんことで腹立てんと楽しゅういこやないけ、電気冷蔵庫には五年の保障あるけどやな、人間には、明日の保障もあらへんのやで」

杉山、黙ってスックと立上る。

一瞬、気まずい空気——。

杉山、その気配を背に、黙って表へ出ていく。

大隅が、いきなりクスクスと笑い出す。

谷口「何がおかしいのや」

大隅「ボケとるわ」

参謀「（笑って）——大ボケや」

谷口「しゃあないやないけ。十五年も暗いとこにいたんやさかい——それより、スケの方じゃんじゃん頼むで」

大隅「ああ」

谷口「それも、バシタはあまりようないな。シメッポイさかい。若いスケの方がええで」

参謀「わいの考えやけどな、寮にいてる奴がええで、会社と寮を行ったり来たりしとる奴や、刺げきがないやろ、そこをこちょこちょと」

谷口「そや、男に飢えとるさかいな」
参謀「オヒンにも飢えとるしな」
大隅「（ポツリと）もとでが足らんわ」
谷口「何や……もとでか」
　ポケットを探る。
参謀「（平然と）もとはじゃんじゃん使うたらええ（急に眼がきらきらと輝き）ガバッと集ったら大売春組織をつくるんや、京都だけやないで、東京、大阪に支店をつくって……兄貴が本社の社長で、わいとオケラは支店長や……」

41　西陣会館・表

　止まっている車の列。
　杉山が、強引にクロを伴って来る。
クロ「（不審気に）どないすんのやな」
　杉山の自動車を見る眼が光り、
杉山「あれや、反物ごっそり積んであるやろオートごとやるんや」
クロ「あかん、中から丸見えやないか、おっかけられたらしまいや」
　杉山、館内を見て、詰る。
　凝っと、車と杉山を見較べるクロ、杉山の哀しみの表情を見てとり、
クロ「兄貴ッ、おいない」
杉山「……?」
クロ「（ニッコリ笑って）別の手や」

42　ある店の店先

　何種類ものキイを持って来るクロと杉山――会館の前に置かれていたと同色、同型のワゴンが置いてある。

クロ「あれや」

　杉山、クロの意図が判らない。

クロ「×年の×型、同じ色や」

　クロ、素早く、車に近づく。

43　西陣・ある呉服問屋の店先・近く

　杉山とクロが、盗んだ車にのってやって来る。

　クロ、キョロキョロと辺りを見まわす。その眼に、さい前の車。

クロ「……云うた通りやってや。ボヤボヤしとったら、フンづかまるさかい」

杉山「よし、止めろ」

　クロ、車をとめる。

　杉山、素早く降りる――そのまま店の表へ。

　店の中を盗み見る。

　店主が、車の主と話し込んでいる。時折チラッチラッと、表の車の所在を確める。

　杉山、ゆっくりと車に近づき、素早く中にもぐり込む。

　心配気に瞶るクロ。

　杉山、店内のスキをうかがい、いきなりダッシュ――入れ代りに、クロの車がスーッと入って来て、止まる。

　店内の車の主が表を見た時には、同型同色の車が止っている。

44　盗んだワゴンの中

　杉山とクロが乗っている。

　後部には、一杯の反物。

　クロ、その一つを手にとり、
クロ「きれいやなァ……（杉山に笑いかける）」

杉山「（前方を睨んだまま）半分、かくしとくんやで、ヤサへは半分だけ持ってくんや」

クロ「なんでや？」
杉山「ためるんや、銭ためて、おまい、自分の車買うんや。それで白タクしたらええやないか」
クロ「（眼を輝かし）うん……（フッと杉山を見て）杉山はんは？」
杉山「……」
　だが、その眼は輝いている。

45　ヤサ

　谷口、参謀、オケラの前に拡げられた反物。杉山とクロもいる。
オケラ「ごついわ。これどの位すんのや？」
谷口「ま、このワランやったら、反、一万から二万の間やな」
参謀「ヨオシ——（ケロリとして）さすがは兄貴や」
　クロ、杉山を見てニッコリ笑う。
杉山「みんなで捌いてくれるか」
参謀「捌きまっせ、じゃんじゃん」
　大隅が、とき子（パチンコ屋にいた時よりもずっとすれている）を連れて入って来る。
　とき子、反物に眼を見張る。
　素早くその表情を見てとる大隅、その一枚を取り上げ、とき子の肩にかけ、
大隅「よう似合うわ、もろうとけ」
　いきなり、その反物を取り上げる杉山、黙って表に出て行く。
　大隅、図々しく別のをとり上げ、
大隅「この方がええわ」
とき子「うん」
オケラ「（とき子に）おまい、店は？」
とき子「（平然と）止めたわ、パチンコ屋なんか」
大隅「（ニコニコ笑って）おれ達の仕事を一緒にやりたい云うんや」
とき子「その代り、うんともうけさせてよ」
　喰われる谷口、参謀、オケラ。

46　バー・トミー

　のっそりと杉山が入って来る。

　迎えに出るはる美、愛想よく、

「いらっしゃい。あら、一人？」

杉山「のぶ子、呼んでくれへんか」

　ボックスに坐る。

　チラッと、その背を見てきれるはる美——代って、酔ったのぶ子が来て傍にボソッと坐る。

　杉山、反物を出し、
杉山「とっとき、店着、ないんやろ」

　驚くのぶ子。

杉山「構へんのや、とっとき」

のぶ子「（ボソッと）払えへんし、今夜つき合うわ」

　杉山、ギクッとのぶ子を見る。のぶ子の白いえり首に眼が迷《まど》う。

47　ヤサ（数日後）

　参謀達の洋服に混り、派手な女ものが一枚、壁にだらしなく、ぶら下る。

　その室内、シミーズ姿のとき子、ステテコ姿の参謀、大隅、オケラ、パンをかじっている。

参謀「杉山の兄貴、ずっとのぶ子ン所へ入りびたりらしいで」

大隅「ええこっちゃ、あのスケもひもつけとい

た方がええさかい」
とき子「丁度ええやない、年増と年増が」
参謀「そう云うこっちゃ。たまっとったんやろな、ム所の中で」
大隅「そいで、ボケとんのや」
参謀「わいらの親爺みたいな年さらして、わいらのお古抱いとんのやさかい……そらそうと、とき子、はよ集団就職のダチ公紹介してんか。おまい一人じゃ手がまわらんやないか、ハックイ話かて、見送りや」
とき子「みんな田舎者やさかい、仲々決心がつかへんらしいんよ」
参謀「ヘッ、決心もなにも、連れて来たらそれっきりやないか、なア――」
オケラ「そうや」
ニコニコと笑っている大隅。
参謀「（誰にともなく）頼むで。商売繁昌。商売繁昌で、笹持ってこいや――」

48　喫茶店

谷口の前に風彩の上らぬ商店主中村。
谷口「よろしおま。それやったらどうだす。処女は、ええのが、おりまっせ」
中村「そんなもん、もったいないわ」
谷口「何者でんね。相手は？　それによって選びまひょ」
中村「む……税務署や」
谷口「税務署!!」
中村「そやね。何せ、そいつは養子でな、かかあにいびられとんのや。おまけにええ年さらしてうだつが上らんもんやさかい、その腹いせに税金厳しゅう取り立てんのや」
谷口「好かん奴でんな。それやったら処女はもったいのうおすな」
中村「そやね」
谷口「（一瞬、考えて）よろしおま。まかしといておくれやす。あんじょう税金まかるよう、ええ女つけますわ」
中村「ただ、わしが頼んだ云うことにはせんといて欲しいね、もてたような顔させとかんと、へそ曲げるさかい」
谷口「（ニヤリ笑って）よろしおま」

49　バー・トミー（夜）

はる美、ビールを運ぶ――そのテーブル、中村が税務署員の野村をつれて来ている。
野村の傍にぺったりとへばりつくとき子。
はる美「さ、おつぎしましょ――（急に気附いたという風に）あら、こちらさんときちゃんのお酌じゃないといけまへんなア……ほなときちゃん」
ビールを渡し、
「ごゆっくり」
と、きれる。
とき子「（ビールを注ぎ）もっと飲んでよ」
野村「よっしゃ」
とき子「ええわ、中年のムードて」
野村「どや、今夜、つき合うか」
とき子「つき合うてもええけど……奥さんこわいでしょ」
野村「何や、あんな奴」

×　　×

一隅、谷口とはる美がニヤニヤ笑って見ている、傍にのぶ子。
谷口「養子やさかいな、ええとこ摑んどるわとき子」

はる美「教育がいいから……（と笑って、のぶ子に）どう、あんたもやったら。上品ぶってたって喰べて行かれやしないわよ」

　黙ってビールをあふるのぶ子。

50　温泉マーク・一室

　女中が、お茶を置いて出て行く。
　その背を見送り、早くも野村が、とき子の手を握る。
野村「どや、風呂へ入るか」
　云いながら、ゆっくりと抱く。その瞬間ピカッと光るフラッシュ、あっとなる野村の前に、キャメラをさげた参謀が、襖を開けて、のこのこと現われる。
野村「お、おまえは……（絶句）」
参謀「この写真機、よう撮りまんのや」
　オケラが、後から出て来て、
オケラ「ドタマカチ割ったろか」
野村「こ、これは……」
とき子「しゃあないやないの、あんた、ひっかかったんやもん」
野村「な、何だって?!」
参謀「ま、無理は云わしまへん。あんたから銭はとらんようにしまっさ。わいら良心的でっさかいにな、あんたの才量でまけられる税金だけまけてもらう。わい等、まけてもろうた方から、ちょいちょいといただく。ええ話でっしゃろ」
野村「お、おれは……」
　頭をかかえるが、いきなり写真機めがけてとびつく。
　参謀、ヒラリと体をかわして――。
　のめる野村を叩きつけるオケラ。
オケラ「バタバタしやがるとブチ殺すぞ」
　野村、ぶざまにうずくまる。
野村「（むせび泣く）おれが悪いんやない。おれやない……」
　暗がりの中、ニコニコと笑っている大隅。

［893の意味］

S#40は893連中です。ちょっと彼らに共感しながら書きました。彼らの科白の端々に当時のぼくの思いがこめられています。「893」って何だか知ってる? 「やくざ」とも読めるし、全部たせば二〇になって花札だとブタになる。二〇はトランプだといい数字だけど、花札には二桁はないからゼロになって、俗にブタといわれます。どうにもならない最低って意味だよ。この場合のやくざは、はずれ者というか、アウト・ロウというかね。アウト・ロウっていえばかっこいいけど、鼻持ちならない豚野郎ってことなんだ。算用数字にしたのは、ちょっと新しくしたかったからです。

ここで、このドラマを構成している葛藤要素が全部、出ました。今度は「８９３連中」対「組織」という対立ではなく、８９３グループ内部での対立です。その対立はS#40の言い争いで鮮明になり、その結果S#41以降の杉山の行動が生まれます。

作り手の視点は、ここから杉山に置かれます。まず谷口たちに反発した杉山のしのぎの方法を見せる。杉山の価値観からいえば、弱い者いじめはいさぎよしとしません。むしろクラシックな反物のかっぱらいは許容範囲です。こそ泥も、レイプや売春とともに反社会的行動ですが、ちょっと質的なちがいがある。許せることと許せないこと、といったらいいのかな。

杉山はここから、８９３連中とは別行動に出ます。レイプされたのぶ子のところへ反物を持って行ってやるのです。８９３連中の被害者に杉山が同情している。同情だけど男と女だから色気もあるよね。

８９３連中はそれをせせら笑いながら、連中がもっともカネもうけになると考えている売春組織を形成しようと夢見ます。それがS#45。そして売春の具体的な現れ方がS#47から50で描かれます。杉山の行為をせせら笑う８９３連中とは何なのか。杉山をせせら笑って、連中は連中なりの行動を取ります。それをどういうエピソードで見せるかというくだりです。

［エピソードは拡大させてゆく］
もう一度S#45から50を見てみましょう。
構成してゆく時にむずかしいのは、どのエピソードをいつ使うかということです。素材、つまりエピソードは取材を通してできるだけたくさん集めますが、その中のどのエピソードを、いつ、どう使うかがむずかしい。エピソードがあるから並べればいいということではありません。どの段階でどのエピソードを使うと最も有効かを考えるのです。

この作品は893連中の生き方や生態を見せる映画でもあるので、しのぎの手口やエピソードは相当たくさん取材しました。けれど、単に並べればいいということではない。エピソードはドラマに生かさなければいけません。893連中は、登場してからいろんなことをやっています。白タクからレイプまでありますが、エピソードを使う原則は、小さなエピソードから次第に大きなエピソードへ持ってゆき、クライマックスに最大のエピソードを使うということです。エピソードの選択はシナリオを書く上でとても大切です。しかも使用するエピソードは、映像になった時にインパクトが強い方がいい。けれど最初に美人局といううきついエピソードを出してしまったら、とたんに893連中の性格が規定され、そういう印象だけで彼らを見てしまうでしょう。だから最初はちんまりした、むしろみみっちいと思われるしのぎを見せておくのです。

これまでは893連中の失敗ばかり見せてきました。でも今度は成功した。S#51、S#52は、彼らの調子に乗った一つのピークを見せています。

S#51〜55

51　琵琶湖

白い飛沫を上げてつっ走るモーターボート。

二挺、追っかけっこ。

前のボートには、谷口、オケラ、よし江、二三子。

後のボートには、参謀、大隅、とき子——

矯声を上げながら、追いつ追われつ。

52　割っぽう旅館

谷口、参謀、オケラ、よし江、二三子の五人、ナベを囲んでいる。

参謀「(女二人に) ガンガン喰って、飲めよ。銭はいくらでもあるさかいな」

よし江「うん」

谷口「わい等、いつでもこうや。かせぎがでかいさかいな。工員なんぞしとるより、よっぽど面ろいやろ」

二三子「そら面ろいわ、会社の男云うたら、みんなピーピーしてて、ケチばっかりや」

参謀「そらそうや。月給知れとるさかいな。そこいくとわいら自由業やさかい、銭には困らへん。欲しいもんあったら云うたらええで、何でも買うたる」

よし江「ダイヤの指輪買うてくれるか」

参謀「ダイヤ?……(一瞬詰るが) 買うたる、なア兄貴」

谷口「(平然と) 安いもんや」

参謀「ところでと、おまい等、今夜泊ってくやろ、オケラ、云うてこい」

オケラ「よっしゃ」

と、立上って消える。

顔見合わす二三子とよし江、頷き合い。

よし江「うちら、帰るわ」

慌てて立上る――その手を、いきなりとる谷口、逃げようとする二三子も参謀に捉まる。

二三子「いやや!!」

参謀「ダイヤの指輪やないけ」

もがく女を、それぞれおさえつける谷口と参謀。

53　喫茶店・コギトー

煙草の煙にむせ返える中、流れるモダンビート。シートと云わず床と云わず、睡眠薬に酔った若い男女が抱き合い踊っている。

その中に、大隅と、とき子。

大隅「なア――」

とき子「ん?」

大隅「あいつ等と、手切ろやないか」

とき子「えっ?!」

大隅「俺、考えとったんやけど、奴等に甘い汁吸わせることないで。おれとおまいとでかせげるんや、もっとハックイ男捉んで、しぼれるだけしぼるんや。重役とか、店の親爺とか……ええ年さらして、女や云うとすぐでれでれしよるやないか。どうや、二人だけでやろやないか」

とき子「ええわ、あんたの云うことやったら何でもええわ」

大隅「あいつ等、アホや。自分らが一番かしこそうな面しとっても、自分らだけでは何にも出けんのや。俺は、ちがうで……」

とき子「うん……あんたは違う……でも、うちのこと……捨てんといてや。何でもするさかい」

とき子、大隅の頰に唇を当てる。

「ヨウ!」

大隅の肩をポンと叩く手、玉井である。

玉井「お楽しみのとこすまねえが、顔かしてんか」

思わず、顔を見合わせる大隅ととき子。

玉井「(ニヤリと) ほんのちょいとや」

大隅、仕方なくついて行く。

54　**表通り**
車が置かれている。
強引に、中へ放り込まれる大隅。

55　**車の中**
大隅の両側に黒川と玉井。大隅、身体を硬くする。
黒川「とき子を、ええ玉にしてくれたそうやな」
玉井「知っとったやろ。前の店がわいらのシマや云うこと」
大隅「（ふてくされる）……」
玉井「どやね、何とか返事せんかい」
黒川「（やんわりと）ま、おまいの量見一つで見のがしてやってもええのやで。（凝っと瞶めて）どや、愚連隊にいたかて仕方ないやろ。わいらの組へ入らへんか」
はっとなる大隅。
玉井「おまいかて、そろそろわいらと愚連隊との区別位判ったやろ。兄貴は、おまいの腕を見込んどんのや」
黒川「スケを世話してくれちゅう店がふえとんのや。どや……ま、今すぐに返事せえとは云わへんけどな」
大隅「あのう……」
黒川「何や」
大隅「待遇ですけど……いくらもらえますのや」
一瞬喰われる黒川。

［開放感を出す］
S#51は琵琶湖を走るモーターボートです。谷口と参謀とオケラが女の子を乗せてモーターボートをぶっ飛ばしているだけだから、お話を進める上ではほとんど関係ないシーンです。しかしこういうシーンの使い方こそ、実は舞台表現ではできない映像表現の特性です。なぜなら、このシーンを入れることによって、観客の開放感をさそうことができるからです。人間関係が煮詰ってきているから、画面作りもどうしても詰まってきます。８９３連中はどうやらここまではうまく進んできた、そこにモーターボートのシーンを、音楽に乗せてポンと入れる。
ドラマの進展は人間関係が主ですが、それとは別に音楽と映像で一度ストンとぬいてしまうのです。このモーターボートのシーンを外して、S#50の美人局の場面とS#53をくっつけることもできます。でもそうすると、ちょっとしんどい。芝居ばかりを続けて見ることになるからね。この間に琵琶湖のシーンを入れると、ヴィジュアル的にも開放されて感覚がリフレッシュされます。感覚の開放といってもいい。緊張感と開放感が交互に現れるから、ドラマの新しい進展も観客は自然に受け入れられるのです。

S#26にも暮れなずむ河原町の夜景の場面がありました。これも同じ効果です。詰まった画から開放されて、次のお話の展開に持ってゆけるのです。

けれどまったく関係のない描写を入れてはいけません。S#51の場合は、調子に乗っている893連中の裏で、大隅が組織にくっついてゆく。893連中の売春組織は大隅がいないと成立しない。そのキーマンがヘッドハントされているのも知らないで、連中は調子に乗って琵琶湖で遊んでいる。こういう描写はどこでどう入れたら有効か、シナリオ段階で計算できます。

S#56・57

56　のぶ子のアパート

杉山が寝ころんでいる。その眼が、洗濯物を取り入れるのぶ子を追っている。ふっと、

ふりかえるのぶ子。

のぶ子「何やの？」

杉山「……（口ごもる）」

のぶ子「（笑って）変な人やな」

ドアが叩かれる――クロの声。

「兄貴、いてまっか」

杉山「（起上り）クロか？」

ドアを開け、顔を出すクロ。

クロ「兄貴に会いたいて人が来てまんのや」

クロの背後に一人の男（横田）。杉山の顔が輝く。

杉山「よう横田やないか」

横田「御機嫌よろしゅう」

杉山「何や？」

横田「でかい山があるんやが、ネタを買ってくれねえかと思ってね」

杉山の顔が、キューッと締り、

杉山「ゆっくり聞こやないけ、お入り」

横田を中に入れる。
横田「（のぶ子に）失礼します」
杉山「（クロとのぶ子に）ム所で一緒だった男や。（横田に）どないな話や」
横田「来月早々××製薬が、心臓病の新薬を売り出すのや」
杉山「何ちゅう薬や」
横田「オードロク」
クロ「聞いたことあるわ、ごつう宣伝してるわ」
横田「その原薬が、明日神戸から静岡の工場へ送られる」
杉山「原薬？」
横田「薬のもとだ。中共からの輸入ものよ」
杉山「それをかっぱらえちゅう訳か……（一考）ヤバイな、サツにタレ込まれたら、どこにも売れへんやないけ」
横田「ところが、タレ込まれない。（ニヤリと笑い）タレ込んだら来月の発売に間に合わなくなるてより、間に合わなくする、どうだ、五万、これだけのネタが五万だ。買ってくれるんだったらもう少し詳しく話すぜ」
凝っと杉山の顔を瞶る。
杉山「……（決意）よし、買うたる」

57 ヤサ

杉山とクロを囲んで、谷口、参謀、オケラ、大隅。
杉山「低くみつもっても七百万、うまく行ったら一千万になんのや」
参謀「一千万？……一千万云うたら百六十六万六千六百六十六円……百六十万円やないか」
谷口「やるで、わい」
オケラ「当り前や」
大隅「おれは止めるわ」
谷口「な、なんでや」
大隅「うますぎるわ、話が」
谷口「何やと？……兄貴の話が信用でけんのか」
杉山「ええやないかい、そんな奴は、はずした方がええで……（と、残りの四人に）神戸を、朝の三時に出て、この辺りを通んのが、丁度、暁方や、ええか、一発勝負やさかいな。ゆっくり、寝とくんやで」
オケラ「よっしゃ」
一同の眼が、光る。

［新しいヤマ］
S#56は「そして一方、杉山は」というシーンです。ワンシーンで書いているけれど、画面を見てもらうとアパートから外に出て川辺でしゃべりますね。連続しているのでシナリオ上では「のぶ子のアパート」となっていますが、

厳密にいうとのぶ子のアパートとその周辺という二つのシーンです。

そして作り手の視点は、杉山から再度８９３の全員へ戻ります。これがS#56・57。いつもみみっちいことをしている彼らのところに、たいへん大きなヤマが入ってきました。８９３全員はどうするのでしょう。新しい展開が始まります。このまったく新しい展開を画面で確認しましょう。でっかいヤマを見つけ、ふたたび杉山と８９３連中が合体する。杉山と８９３連中は、考え方や倫理観はまったくちがうけれど、ここでまたカネで結びつきました。でも大隅はこの話に乗らない。その前にS#55で、大隅が組織側に立ったところを見せてあるから、みんなが「やろう」と浮かれている裏側で、大隅はどうするのだろうというサスペンスもかけています。大隅の存在が非常に大きいシーンです。それを匂わせながら、これからの大きなカネもうけをどうするのか、というシーンにもなっています。

「これからどうやる」という手口の指示は一切ありません。具体的な行動はあとから映像で見せるから、ここで説明しちゃうとつまらない。作品によっては説明することもあります。計画を見せておくことによって、その計画がこんな形で挫折しますという場合ですね。この時は計画を成功させようと思っているから、その計画の具体的な進行は、映像を見て初めて分かるようにしました。知らさない方がどんな風にやるのだろうと、興味を持ってもらえるからね。

58 未明の国道一号線

白々とした光の中を、ヘッドライトの鋭い光芒が流れて行く。

大型定期便の往来——その道の傍、クロの自動車が待機している。

中には、谷口、杉山。

その彼方後方、参謀とオケラが、軽トラを側道に止めている。

参謀と、オケラの眼が光っている。

爆走する車、車——その中に、

××製薬の大型トラック。

参謀「あれや！」

オケラ「よっしゃ」

手にした懐中電燈を振手にふる。

×　×

杉山達、オケラの合図を認めて、

谷口「来たで」

クロ、エンジンをふかす。

杉山「チョータローや」

××製薬の大型トラックが来る。

クロ、巧みに、その前に車を乗り入れる。

バックミラーを、ピタリと××製薬のトラックに合せる谷口。

谷口「野郎、ボヤッと傍見した時やで」

バックミラーに映るトラックの様子。

59 坂道

スピードを落として来るクロの車。

その後方、焦々とついてくるトラック。

谷口「どや、ボチボチいてこまそか」

クロ「よっしゃ」

バククミラーに映る後方トラック——運転手が傍見をする。

谷口「今や!!」

クロ、思いきってブレーキをふむ。

ガクンと止まる車。後方のトラックの運転手も、慌てて、ブレーキをふむ、が、瞬間、間に合わず、バンパーが、クロの車に接触。

勢よくとびおりる谷口、杉山、トラックにかけ寄り、

谷口「おっさん、降りてんか」

運転手も勢いよく降りて来て、

運転手「何やい、急にブレーキふみやがって気いつけい」

谷口「（勢よく）アホンダレ、犬がとび出して来たんじゃ。前方不注意はおのれの方やないか」

運転手「（勢いにのまれて）犬？　そんなもん見なかったぜ」

杉山「（凄んで）それですむと思っとんのか」

運転手、一瞬、おじけづく。

後方、派手に警笛を鳴らす参謀。

谷口「よっしゃ、ゆっくり話つけよやないか。ついてこいよ」

車に乗り込む。スタートする車。

トラック、ついて行く。

その後方、軽トラで、ニヤニヤと笑って見ている参謀とオケラ

オケラ「ええ調子や」

参謀「間違いないで、原薬や」

トラックについて行く。

60 ドライブ・イン

クロの車が止る。
トラックが止る。
とびおりる谷口、杉山、クロ、運転手と助手をかこむようにして、食堂の裏手へ――。
トラックの傍に、止る軽トラ。
参謀と、オケラ、辺りを見まわし、
素早く、トラックの、幌の中にもぐり込んで行く。

61 食堂の裏手

三人に囲まれ、びくつく運転手と助手。
谷口「わいら、おとなしゅう話つけようと思うとんのやで」
杉山「それとも、ガタガタ云うのやったら出るとこへ出よやないか」
助手「（慌てて）あの……この人、病人かかえてるんです。何とか、警察沙汰にはならんように」
谷口「そら又、ごつう都合のええ話やないかい。病人おったら警察行けへんのか」
助手「修理代は、持ちます。ですから何とか」
谷口「修理代だけで片つけようと思うとんのか、……ボケたらあかんで」
云いながら、食堂の陰から参謀達の様子をチラチラと見やる。
軽トラに、新薬を積み込む参謀とオケラ――トラックから、軽トラへ、ひょいひょいと放る。
運転手「あの、どの位で……」
谷口「何が？」
運転手「いくら位で手をうってくれます」
谷口「そやなア……兄貴、いくらや」
杉山「十万やな」
運転手「十万?!」
絶望的――。谷口の眼に、積荷のおえる参謀とオケラ、手を上げて合図。車にのり込む。確認した谷口、
谷口「（急に）おのれ、病人抱えとると云うとったな」
運転手「はい」
谷口「そらしんどいやろ。どうやろ、兄貴これだけあやまっとんのや、勘弁してやろやないけ」
えっ?! となる運転手と助手。谷口、眼で、杉山に合図。
杉山「（うけて）よっしゃ。（と二人に）その代り、どや、メシでもおごってんか。仲良うメシくって、この話はなかったことにしようやないか」
狐につままれたような運転手と助手。
運転手「あの、メシって、食堂のメシだけで」
杉山「そや」
谷口「その代り、あんじょううまいもん喰わしてや」
運転手「（元気よく）は、はい」
参謀の軽トラ、勢よくスタートして行く。
谷口、杉山、クロ、運転手達、食堂の陰から出て来て――陳列台の前、
運転手「どうぞ、好きなもん云うて下さい。どうぞ――」
ニコニコと谷口達をもてなす。

62 国道一号線

朝陽を背に、オードロクの原薬を積んで快調にとばす参謀達の車。

63 ××製薬・重役室

重役友田の前に、蒼白な顔の営業部長向井。
友田「何?! 原薬が盗まれた?」
向井「はい。工場からの電話によりますと、一千本」
友田「ど、どこでやられたんだ」
向井「神戸から工場までの間、輸送中に」
友田「バ、バカな」
女事務員が顔を出す。
事務員「向井部長にお電話です、おまわし致します」
向井、慌てて受話器を取る。
向井「もしもし、向井ですが」
受話器に流れる杉山の声。
「オードロクの原薬を、買うてもらいたいのや」
アッとなる向井。
「キ、キミは」
杉山「(笑って)そら云えまへんな。どうだんね、買うてくれるかどうか? 買うてくれへんかったら、〇〇製薬へまわしまっせ、喜びまっしゃろな。(笑って)、サツへたれ込んだら、そのまま、ドブへでもホカしまっせ。来月迄には、発売が間に合いまへんやろな」
受話器を握る向井の手が、ブルブルと震える。

［原薬かっぱらい］

S#58から62までは計画の具体的な実行プロセス、つまり原薬かっぱらいの場面です。

思い出してください、この手口はS#5で匂わせてあります。京都駅からタクシーで逃げる時に急ブレーキを踏まれ「これや!」と参謀が当たり屋家業を思いつきましたね。でもそんなこと、見ている人はほとんど覚えてないでしょう。ただ、この場面までくると、気がつく人は「あれか」と気がつく。これは「前売り」とか「ウリをしておく」といって、よくやるテクニックだということはお話ししました。

こういうアクションは、場所設定が重要になります。この場合、非常に映像的に気を遣って撮りました。彼らのやり方をスマートに見せたかったからです。映像条件をねらって撮りました。「S#58 未明の国道一号線」という時間と場所を実際にどう限定するかということです。ビデオでは影が飛んで全体に明るくなってしまって分かりませんが、フィルムでは赤塚滋キャメラマンがきっちりと押さえています。夜更けからそろそろ夜明けに移ろうとする国道一号、暗闇では冴えていた道路灯やヘッドライトの光がぼやっと浮かび、道のアスファルトがねずみ色に滲みます。以前にいった「二・ヌケ」のことです。「ヌケ」は、シナリオのことではなくて映像の問題です。

［手口をきっちり書く］

今の場面で、手口を見せるためにはどういうシーンの重ね方があるのかということを見ていただきました。引き目の画が多いけど、手口ははっきり分かりますね。このシーンでは手口さえ分かってもらえればいい。方法はいろいろありますが、この場合は端的に見せています。

こうしたシーンを書く時は、どれだけ端的に要領よく書けるかが大切です。手口のプロセスさえきちっと書いてあれば、あとは撮影にまかせればいい。ある意味で、シナリオを書きやすい場面です。だけど手口が大切。

手口を考えないといけないということが、アクション映画を書く上で最も苦しい点です。シナリオライターにはどういう手口を面白く使うかが求められます。だからアクション物を書く人は、常にたくさんの手口の隠匿物資がある。

『――激突』なんてアクションの連続だから、一人で書いていると、すぐゆき詰まってきます。ゆき詰まりがこわくて、つい結果を予測しながら書いてしまう。こんなことしていたら面白いわけがありません。答えを考えて問題提起をしてしまうからです。こういう時に一番いいのは、二人で書くことです。ゲームみたいに、攻める方と守る方と二手に分かれて考えます。攻める側は、答えなんか考えずに攻め込めばいい。守る側は、それをどうやって守り抜くかを考える。だからアクションを書くとなったら、二人がかりで徹底的に考えます。

しかもその手口は、単なる手口ではいけません。それを行う人間のキャラクターと一致しないといけません。ここが一番むずかしい。こういうやつだからこういう方法をとるんだなと、納得できないといけない。893連中はペテン（頭脳）で勝負しているから、ペテンにふさわしい手口を考える必要がある。暴力だけでやるのは簡単だけど、暴力的だと893らしくありませんからね。今までとは別のキャラクターになってしまいます。必然的にキャラクターから出てくる手口が一番いい。説明するとやさしいけど、実際やってみると、実はこのあたりが一番むずかしい。

S#64〜66

64　同・社長室

社長の沢本が、烈火の如く怒る、

沢本「バカモン、すぐに買い戻すんだ。発売日は、どんどん宣伝しとるんじゃ、会社の信用問題だぞ。すぐに、買い戻すんじゃ。絶対に警察にかぎつかれんようにな。判ったな」

友田と向井、頭をたれている。

65　バー・トミー

昼間、客はいない。受話器を握る杉山を囲んで、緊張した面持ちの谷口、参謀、オケラ、クロ、大隅――。

杉山「よっしゃ、確かに明日やな。……じゃ待ってるさかい……ああ、それでええわい」

ガチャリと受話器を置き、一同に、

杉山「営業部長の向井ちゅうトコスケが、明日、京都へ来るそうや、静岡発、十時×分新幹線や」

谷口「で、いくらで話ついたんや」

杉山「一千万や。但し、現金やで」

参謀「一千万云うたら……一人二百万……（素頓狂な声）一人、二百万や!!」

クロ「うわァ……それだけあったら新車かて買えるやないか」

オケラ「新車あったら、スケかてガンガンかまるで――」

参謀「（谷口に）やったで、兄貴ッ!!」

湧き返る一同――快心の微笑を浮べる杉山。

只一人、微かに顔を歪める大隅。

66　のぶ子のアパート・一室（夕方）

　畳が、めくられる。
　札束が、現われる。
　びっくりするのぶ子の前で、楽しそうに笑う杉山。

杉山「三十万はあるで、クロと二人でためたんや」
のぶ子「……」
杉山「それに今度の二百万ずつ併せてみい。銭や、銭さえありゃあ、愚連隊にいることないで」
のぶ子「でも、うちみたいな女がついて行っちゃあ」
杉山「アホッ（思わず大きな声）」

　びっくりするのぶ子、杉山も、自分の声に驚く。

杉山「（苦笑して）クロンボと、ム所帰りの男が云うてるこっちゃ。まともに聞ける訳ないやろ。そやけど、今、出て行かなんだら、もう出て行けんようになるで」
のぶ子「……」
杉山「なあ……（口ごもる）……」
のぶ子「何ですの？」
杉山「（ぶっきら棒に）わいと、世帯もってくれへんか」
のぶ子「えっ?!……」
杉山「東京へ行くのや。クロと三人で、まともな暮しを探しに行くんや」

　杉山の真剣さに、圧倒されるのぶ子、ふっと視線をおとす。
　その眼に、札束がとび込んで来る。

のぶ子「……」

　のぶ子、じっと札束を見る。
　のぶ子を瞶る杉山。

「兄貴!!」

　いきなりクロがとび込んで来る。

クロ「（血相をかえ）……兄貴ィ」
杉山「どないしたんや」
クロ「バクチ打ちや。奴等が、又……」
杉山「何?!……」

　サッと杉山の顔色が変る。

［893グループの「受け」と新たな展開］

S#64・65は、盗まれた製薬会社側のシーンです。原薬を奪われた方の反応を見せることによって、事の重大さを説明しました。このシーンは非常に説明的です。わざわざ作らなくても、次のシーンで少し書き込みさえすれば、十分対応できます。当時はこのシーンを入れることで事の重大さを説明したけれど、多分いまのぼくなら別の作り方をします。

それよりも８９３全体の方が大切です。取引までは成功したんだからね。そして同時に杉山のことがある。原薬かっぱらいについて、８９３連中はとにかく浮かれてカネが入ればいいと思っているけど、杉山はどう受けとめているでしょう。杉山にはもう一つ理由があります。「受け」という言葉をしばしば使っているけれど、登場人物は何かあれば必ず受けとめます。この「受け」を見てみましょう。

今度こそ大もうけできました。杉山も新しい生き方を見つけようとしています。見ている人は８９３連中がうまくいってもあまり共感しないでしょうが、杉山がうまくいったことには共感できると思います。８９３連中の生き方、物の考え方、行動様式は、作り手のぼくにとって、共感はできるけど一方で非常に反発を感じる部分もありました。反発を感じる部分があるから杉山という人物を作ったのです。ここまで来ると、作り手が感情を同化しているのは杉山です。杉山に「ああ、よかったな」といってもらいたい。８９３連中は彼らなりに浮かれていればいい。しかし杉山はこの成功を、存在そのものに関わるぐらい重く受けとめています。その差を明確にしたい。

そう思っていると、案の定やはり組織がいちゃもんをつけてきた。ここで組織が再々登場したことは、８９３連中よりも杉山にとっての方が重大事件です。だから、組織が再び現れてきたことを、杉山ののぶ子への告白に重ねました。組織の再々登場は、杉山にぶつけないと意味がありません。

再々登場した組織に対して、登場人物たちはどう反応するでしょう。杉山はどうするのか、８９３連中はどうするのか。ここまで見てくると予測できる部分と予測できない部分があります。ドラマの推進には、常に新しい出来事をあたえなければなりません。大切なのは、出来事を登場人物たちがいかに受けとめ、その受けとめ方によって次の行動が始まるということです。出来事が起きて、それを受けとめる、そしてそれをどういう行動に移すか。これがストーリーの推進力です。喜んだところに大きな障害が起きる。悲しんでいるところに嬉しい知らせがくる。

緊張しているところに解放が起きたりする。そんな具合に次々と新しい事態をぶつけてゆくのです。どの段階でお客さんにぶつけるかは、作り手の、それこそ計算によります。どう受けとめるかも、ここまでくるとキャラクターが出来事を勝手に受けとめてくれます。その受けとめ方次第で、次の行動が出てきます。

S# 67〜71

67 ヤサ・表
　停っている高級車。

68 同・内部
　谷口、参謀、オケラ、大隅の前に、黒川、玉井、他三人の王城会。
黒川「ごたらごたら云うてもしゃあないしな、要は、おまい等が、ブツを渡すかどうかや」
谷口「せやかて、今度のゴトは、あんたらに関係ないやないか」
参謀「そうや、わい等がヤバイ橋渡とうて仕組んだゴトや」
黒川「さっきから云うとるやろ。それも何も判った上で、ここへ来とんのや、おまいらかてやくざ者の端くれや、親分の保釈金をつくらななならんわいらの立場がどないなもんか」
　ドアが開く、杉山とクロが入ってくる。
参謀「兄貴イ」
　杉山、黒川の前へ坐る。
杉山「黒川、話がうますぎやしないけ」
黒川「うますぎるやろ」
杉山「何やと?!」
黒川「(不適な笑い)いきっとるな」
杉山「当然や」
黒川「杉!」
杉山「何や」
黒川「わいら、親分の為に金が欲しいんや。充分承知やろが、こいつ等、親分の為やったら、生命かて捨てる奴等やで」
杉山「それがどないした」
黒川「断られたら、腕づくでも貰うて行かなあかんというこっちゃ」
　一瞬、空気が冷くなる。
黒川「ま、じっくり相談してもらおか、表で待たしてもらうさかいにな」
　玉井達をうながし、部屋を出ていく。
　重い沈黙――。
オケラ「(耐まりかねて)ぶっ殺してやっか」
　誰も応えない。
　皮肉に一同を見守る大隅。
谷口「しゃないな」
　ギクッとなる杉山。
杉山「どう云うこっちゃ」
谷口「やったかて、奴等には勝てへん」
杉山「せやかてな」

谷口「兄貴ッ……わいら愚連隊や。奴等、親分持ちのバクチ打ちや。わいら、喧嘩するて、一体誰の為にすんのや」
杉山「おのれの為やないけ」
谷口「おのれか……」
参謀「やっぱし、あかんな」
杉山「何?!」
参謀「おのれの為やったら、二百万で腕おってみい、治療代かてかかるで。下手こいて生命失うたら……あかん、わいは止めや」
オケラ「参謀がそなに云うんやったら、しゃあないな」
杉山、いらいらと、谷口に、
杉山「ジロー、おまいは?」
谷口「民主主義や」
杉山「何?!」
谷口「みんながやらんちゅうもん、わいだけやったかて、勝ち目がないさかいにな。どや、大隅」
大隅「(冷やかに)おれは始めからのってへん」
クロ、耐りかねたように、
クロ「みんな、欲しゅうないのか、二百万欲しゅうないのか」
参謀「欲しいわい、せやけど、奴等とゴロまくのはいややと云うとんのや、そらそやで、日本かて勝てへん戦争して負けたんやろ。勝てへん戦争するのは、アホのするこっちゃないけ。わいら、又、ええしのぎ探したらええのや」
大隅「(皮肉に)それで、又、バクチ打ちに献金したらええわ」
参謀「何?!……」
凝っと聞いていた杉山が呻くように、
杉山「おれはやったる」
谷口「兄貴ッ」
参謀「(叫ぶ)アカン……杉山の兄貴がやったら、わいら迄……あかんわ」
オケラ「そ、そや、わいら迄やられるわ」
谷口「兄貴、愚連隊は民主主義やで」
杉山「……」
谷口「肝じんな事は、みんなできめんのや。兄貴一人、勝手なことしたら、みんなが困ンのや。兄貴やないけ、愚連隊は民主主義で行こときめたんは……そやろ、兄貴らやろ」
杉山、凝っと唇をかむ。

69 同・表

黒川達が、車の中で待っている。
大隅が、ニヤニヤ笑いながらヤサから出て来る。
玉井「どうや」
大隅「杉山のボケちんだけや。あとはみんなあがる云うとりますね」
黒川「で、杉山は……」
大隅「一人じゃどないにも出来しまへんやろ」
キラッと黒川の眼が光る。
杉山がヤサから出て来る。続いてクロ——。
黒川「(大隅に)とにかく、奴だけは張ってろ」
大隅「ヘイ」

70 河原町

杉山とクロが歩いて来る。
二人の顔に、激しい怒りと哀しみ。
フッと、杉山の足が止る、その眼が、車道をこした向うの歩道に——
本村が、由美と子供をつれて歩いて行く。
いかにも楽しげなその姿。
クロ「(怪訝に)兄貴ッ」

杉山、その言葉が耳に入らない。
クロ「兄貴ッ!!」
杉山の眼が、急にギラギラと輝き出す。
――いきなりふり向き、

杉山「クロ、車を持ってこい」
クロ「えっ?!」
杉山「いいから持って来るんだ!!」
×　×

その背後、ニヤッと笑って見ている大隅。

71 電話ボックス
大隅が、電話をかけている。

[キャラクターが出来事を勝手に受けとめ、次の行動に移り出す]

こうしてまた、お話が転がり出しました。転がり出したのは、S#67から71までです。

ここで大切なのは、893連中の「受け」と同時に杉山の「受け」です。杉山はこれを非常に重く受けとめている。それがS#67から70まで。作り手の視点は893全体というよりも杉山を追っており、杉山を中心とした構成になっています。では作品を見てみましょう。

このドラマの中でもっとも重たいところですね。再登場した組織を、893連中がどう受けとめて、杉山はどういう行動に出るのかを描いています。ドラマはそこまできました。

最初に考えていた893連中は、この期におよんでも何もしないキャラクターでした。ただ杉山はやるだろう。杉山にひきずられてケンもやるだろう。ただし結果は無残なものになるにちがいない。そんな風に思っていました。その時893連中はどうするのか。連中を次の行動に駆り立てる要素はあるのか。

最初にいったように、人物の描き方がいいかげんだと、本当にここで動けなくなります。何もしないはずのキャラクターに、次なる行動力を起こさせるために何が必要か。本当に893連中をここで放り出してしまったままでいいのか。ぼくの描きたいことは、それだけじゃなかったはずだ……。

執筆中、ここでだいぶゆき詰まりました。キャラクターが勝手に動いてくれないと、ゆき詰まってきます。だからといって、無理に何かをさせても駄目。キャラクターに何かをぶつけてやらないと、連中も動けません。

S#72〜74

72　盗品のかくし場所

（意外な!!　と思わせる場所であるべきだ）

闇の中に、すべり込んで来るクロの車。

とびおりる杉山とクロ。新薬の包みを片っ端から積み込み始める。

クロ「あんまりつめへんな」

杉山「積めるだけつむんだ。何やったら、バラせ」

必死に積み込む二人。汗が、二人の額に光る。

いつか、黙したままの二人。

遠く走る自動車の響き——その中から次第に近づく一台の音。

フッと、クロの手が止る。

クロ「兄貴ッ」

杉山も気がつく。ふりかえる二人。

つっ走って来る一台の自動車。

杉山「畜生！　クロ、逃げろ」

積み残しの薬品に、一瞬逡巡するクロ、

杉山「逃げろ!!」

クロを、突きとばす。逃げるクロ。

杉山、車の中からスパナーを取り出す。

車が止り、とびおりる黒川達、サッと杉山を囲む。

黒川「黙って渡しな。今度だけは見逃してやってもええで」

杉山「……」

黒川「おまえも、すっかりボケてしもうたようやな」

その黒川の背後、ニコニコ笑っている大隅の姿——それを見た瞬間、杉山の顔に激しい憤り、隠し持っていたスパナーで大隅めがけて殴りかかる。

が、その足がピクッと止る。

黒川の手に、不気味に光る拳銃、

杉山「クソッ……」

棒立ち——。

黒川「おとなしく話をつけようとしとんのやで」

杉山、スパナーを捨てる。

瞬間、黒川にスキが出来る。杉山、黒川の拳銃にとびかかる

黒川「野郎！」

激しくもがく、杉山の手が拳銃を握って必死に奪おうとあがく。

玉井の手に、キラッと光るナイフ。

そのまま、杉山にぶつかるように刺す。

杉山「ウッ!!」

――呻きとも叫びともつかず、ズルズルと黒川の身体からすべりおちる杉山――
そのまま、黒い土の上にはいつくばる。
二度、三度、けいれんが襲い、ピタリと動かなくなる。

73　バー・トミー

強烈なリズムの流れる中、谷口、参謀、オケラ、のぶ子が酒を飲んでいる。
参謀「アホや、ほんまにアホンダレや、死んでもうたら元も子もないやないか」
谷口「せやけど、何でやる気になったんやろ、バクチ打ちにフラれんの判っとったやないか」
参謀「せやから、アホンダレやね」
のぶ子「（ボソッと）うちと世帯もつ為や」
一瞬ポカンとなる三人。突然、谷口が笑い出す。参謀もオケラも笑う。
ビールを運んで来たはる美が、
「何がおもろいのや……ねえ」
谷口の傍に坐り込む。
谷口「（笑いを抑え）そいで、おまいもその気やったんか」
のぶ子「無理や、思うてたけど」
谷口「そらそや。世帯もつのがいややさかい愚連隊におんのやないか。（はる美に）なア」
はる美「さア、どうやろ」
谷口「ヘッ（と、受けて）兄貴の事なんぞ忘れてもうた方がええで、覚えてたからちゅうて一文にもならへんしな」
のぶ子のコップにビールを注ぐ。一息にあふるのぶ子。
参謀「その調子や、もっと飲み」
のぶ子、ぐいぐいコップを開ける。
黒川が、大隅を伴い入って来る。
はる美「おいでやす」
坐を立って、かまととよろしく迎えに出る。
大隅、はる美に耳打ち、
二人ボックスへ、
黒川、谷口達のボックスに来る。
黒川「約束通り、ブツは仕末させて貰うで」
谷口「どうぞ、わてらには関係おませんしな」
黒川「（笑って）そう云うこっちゃ」
谷口「せやけど、オトシマエだけはきちっとつけてくれますやろな」
黒川「オトシマエもらいたいのはこっちや」
三人「え?!」
黒川「杉山にごつい真似さられてもうてな」
谷口「関係おまへんで杉山の兄貴とわいらとは」
参謀「そうや、わてら上ろうちゅうのに杉山一人がやったゴトや。わいらのオトシマエはオトシマエや」
黒川「そうはいかんわい。こっちは、若い者一人、自首させとるんや」
三人、黙り込む。
黒川、大隅を呼ぶ。大隅来る。
黒川「こいつ、うちの組に入ることになったさかいな、話だけはつけとくで」
三人、ポカンと大隅を見る。大隅、ニコニコ笑いながら、のぶ子を指し、
大隅「このスケも、引きとらしてもらいます」
谷口「な、なんやて」
黒川「大隅のスケやそやないか。ま、こっちの話は、後でゆっくりつけよやないか――（大隅に）行こか」

大隅をうながし去って行く。
はる美が、来る。眉を寄せ、
はる美「どないするの」
谷口「どないもこないもないがな……クソッ……のぶ子、おまい」
のぶ子「どこでも行ったるわ。いったらええのやろ」
ガブガブと、ビールをあふる。

74 のぶ子のアパート・表

ベロンベロンに酔ったのぶ子をかかえて来る谷口、参謀、オケラ、
のぶ子「(暴れて)ウジ虫、ゲジゲジ、おまいらに出来ンのは弱い者いじめや」
手こずる三人。
のぶ子「離せよ、ウジ虫……」
谷口「ええかげんにせい」
参謀「ほんまに出来上っとるわ」
のぶ子「(大声)何やて」
参謀「いや、何でもない何でもない、な、はよ室へ戻って寝るんや」
のぶ子「(急にしょんぼり)杉山が、待ってるわ」
思わず、ギクッとなる三人――その前に闇の中から人影。三人、胆を冷やす。人影は、クロ。
参謀「(ホッとして)……クロか……」
クロ「(三人を無視して)のぶ子さん」
のぶ子「クロちゃん――」
三人をふりきり、いきなりクロの首ッ玉にすがりつき、
のぶ子「アハ……(笑って)……この人らインポなんや……男やないのや。誰の云うことかて云いなりや。人間やないのや、ウジ虫や、違うのは、杉山とあんただけや……(三人に)バイバイ、死んじまえ、ウジ虫インポ……アハハ……」
クロの首ッ玉にすがりつきながら、アパートの中へ転るように入って行く。
ポカンと見送る三人――。
参謀「何や、あのスケ」
谷口「(ボソッと)わい、インポやないで」
えっ?! となる参謀、オケラ。
谷口「わいかて男や。人間や。……バクチ打ちと勝負すんのや」
参謀「そ、そないなこと云うても、兄貴」
谷口「このますっ込んどったら、いつ迄経ったかてバクチ打ちにやられっ放しや。わいらの為やないかい。わいらでやんのや。待ってたかて世の中変らへんで」
参謀「せやけど」
谷口「負けへん、(頭を指し)ここや、わいら愚連隊やないか、ここで勝負すんのや。奴等のつかんだ金、かっさらうんや」
参謀「ど、どないすんのや」
谷口「それは……これからや、どや、考えよやないか。一丁、いてこましたろやないか、どや、え、どやな」
参謀、オケラ、谷口の気迫にのまれる。

［杉山の死］

S#74は、連中がそれまでの行動様式とはまったく異なるアクションを起こす前です。杉山の影であるのぶ子を見てください。杉山の死の瞬間が、のぶ子の心情につながります。これは建前ではなく、人間の本音の部分です。谷口に「愚連隊は民主主義やさかい」といわせたのも、実は戦後の民主主義は敗北の思想ではないかと思っていたからです。学生運動も労働運動も最初は威勢がよくて、ストも大賛成で構えようとするけれど、状況を分析して「結果はこうなる」と説明し、最終的に多数決を取ったらいつもストは絶対に決行しない。こんなことを何度も経験してきたので、しばしば多数決は、敗北の思想につながるのではないか、という思いがありました。それをつきやぶるのは、「いきがる」ことしかないだろう。それがエネルギーになる。それでゆこうと思いました。

そこで、今回のお話の中で一番かわいそうでひどい目にあったのぶ子に、結果がどうであれ、心情吐露をやらせてみた。のぶ子の罵声が一番いいきっかけになります。浴びせられる言葉の内容よりも、叫びそのものが連中にあるきっかけを与えるのです。「弱い者いじめ」、それは８９３連中が自覚しながらも、しのぎのためにあえて無視していた言葉でした。しかし男にとって（そこがぼくらの年代の男気だけど）一番侮蔑的な言葉です。のぶ子の罵声で谷口が立ち上がってしまいました。

一方、こうなったらのぶ子のことも放っておけません。そこでのぶ子に落とし前をつけることにしました。しかしここまで痛んだのぶ子の心をいやすためには、ケンの言葉だけではどうにもなりません。ケンの思い、ケンの口から語られる杉山の思い、そしてぼんやりと陽が差し始めた東山の情景……。S#75を見てください。

S#75

75　のぶ子のアパート

朝――白々とした光が窓に射す。寝ているのぶ子の傍に膝をかかえ、うずくまるように坐っているクロ。その足許に三十万。

のぶ子、眼をさます。クロに気付く。

のぶ子「アッ、クロちゃん」

クロ、フッと小さく笑う。

のぶ子起き上る、札が眼に入る。

クロを見る――

クロ「おれ……頼みがあったんや。せやから待ってたんや」

のぶ子「……？」

クロ「こっから出てって欲しいんや。この金その為に使うてほしいんや。杉山はん、あんたとおれと三人でここから出て行こう思うて……杉山はん、その為に、あないなことになったんや」

のぶ子「知ってたわ……でも……何処へ行くの……何処へ行ったかて、一緒じゃないの」

クロ「そら……何処へ行ったかてろくな仕事あらへん。せやけど、仕事やないのや。気持や気持を変えるんや」

のぶ子「気持変えたかて、どうってことないやないの」

のぶ子、ヤカンの水を飲む。

凝っと瞶るクロ――いきなり、のぶ子の頬を殴りつける。ふっとぶヤカン、愕然とするのぶ子。

クロ「一緒や。あんたもみんなと一緒や」

のぶ子「……」

のぶ子、立上って、窓を開ける。

朝日が、差し込んで来る。

凝っと、窓外を瞶るのぶ子――その厳しい横顔。

クロ「（叫ぶように）おれ、のぶ子さん位喰わしたる。おれ……」

のぶ子「クロちゃん」

クロ「……？」

のぶ子「クロちゃんに世話にならんでも大丈夫よ、女て、すぐ他人をあてにするやろ（振返り）クロちゃんと行くわ」

クロ「えっ!!」

のぶ子「何処でも同じことやったら、行ってみるわ（ふり返り）人間やもん、生きてる間は、何か探して、生きて行かな、あかんもの」

クロ、ニッコリと頬笑む。

朝陽が、いつか一杯に差し込む。

［のぶ子の決心］

S#75の東山の情景は「朝が来ています」という説明の画ではありません。あの画を入れることによって、のぶ子の気持の転換が分かればいいと思いました。ある種の情景は、登場人物の心情表現につながります。これができるのが、映像表現の特徴です。

一口に情景といっても、情景にはいろんな使い方があります。たとえば「今は朝です」という説明のための画。これは使い方によって、説明以上のものにもなります。登場人物の心理を動かしたり、心理の説明にもなるのです。「血のように赤い夕日」は、説明だけではなくある種の心象表現であるといいましたが、あれと同じです。

シナリオを論理で書ききれない時があります。この場合もそうでした。この時は、のぶ子のアパートのドアの外を映像で見せるしかなかった。ケンの科白は、のぶ子の気持ちが変わるように変わるようにとたくさん用意していました。けれどケンがしゃべればしゃれるほど駄目になります。最終的に説得力があるのは、のぶ子の視覚に入ってくる朝の状況を画にすることでした。のぶ子の前途を思わせるような夜明けです。ここで大切なことは、この映像をいかに感覚的に入れるかということです。

S# 76〜84

76　遠く東寺の塔

バキュームカーが止っている。

その傍、運転手を囲む谷口、参謀、オケラの三人。

谷口、一万円札を二つに切り、

谷口「半分は、うまく行ったらやるで」

半片を運転手に渡す。

77　京都駅・新幹線ホーム

列車の到着を告げるアナウンス。

のぶ子と、クロが上って来る。

クロ、時計をみる。

三時五十分をさす時計。

クロ「今頃、取り引きしとる頃や」

のぶ子「関係ないやないの、うちらにはもう」

クロ「うん」

ニッコリ笑って――。

超特急が、とび込んで来る。

78　ゴルフ・練習場

白球が、快音を立てて空に舞う。
その消え行く先——ネットを越えて、トタン張りの小屋が数軒。
薬品のかくし場所である。
黒川の車が、道に止っている。
小屋の前に、黒川、玉井、吉沢、向井（バッグを抱いている）
黒川が、ゆっくりとシートをめくる。
原薬の包装された箱。
アッとなる向井。
黒川「約束通り、現金でしょうな」
向井「（頷き）——い、一千万円」
黒川、かばんをうけとり、開ける。
一千万——真新らしい札束。
思わず、黒川の顔がほころぶ。

79　ガード附近の道

オケラが、見張っている。

オケラの合図を待つ、谷口、参謀。その車の傍に、バキューム・カー。

時計を見る参謀。

谷口「遅いやないけ」

焦立つ、二人。

80　道

黒川の車がとばして来る。

バッグを、しっかりと抱く黒川。

81　ガード附近の道

緊張と焦燥の入り混った谷口、参謀。オケラが、大きく手を振る。

参謀「（叫ぶ）来た!!」

谷口「（バキューム・カーの運転手に）出ろ」

バキューム・カー、のろのろと道の中央へ、
黒川の車が疾走して来る。

バキューム・カーを見て、追いぬこうとする。が、その時、バキューム・カー、道の中央でエンスト。

車から顔を出す玉井、叫ぶ。

玉井「アホンダレ、のかんかい」

動かぬバキューム・カー。

吉沢、業をにやし、車をかけおり、バキューム・カーへ。

バキューム・カーから顔を出す運転手が、
運転手「エンストや、押してえな」

吉沢「アホンダレ、クソ車なんか」

運転手「せやけど、動かへんで」

吉沢、舌打ちして車に戻り、
吉沢「エンストや」

後方から来た車がクラクション。

黒川の車、前にも、後にも動けない。

黒川「しゃあないやないか、早う押さんかい」

玉井、吉沢、大隅、車を降り、バキューム・カーを押し始める。

悪臭に眉をしかめる三人。後方の車の運転手も来て手伝う。仲々エンジンのかからぬ車。

その様子を凝っと睨んでいた谷口、参謀、オケラ——。

谷口「（ランランと光る眼で）今や!!」

走り出す。参謀も走る。

二人、黒川の車へとび込む。

谷口の手にキラッと光るナイフ、ピタリと黒川の脇腹へ——。

谷口「今日ちゅう今日は勝負さして貰うで」

参謀「わいらかてやる時はやんのや」
谷口「（参謀に）ええから、早よ持ってけ」
　参謀、バッグを抱き、ジリジリと車から出て行く。
黒川「（怒りの表情）……」
谷口「わいらな、弱い者いじめはせえへんで（と、頭を指し）ここやここや」
　瞬間――隙を見て、ナイフを奪おうとする黒川。谷口、必死に抵抗。狭い車内でもつれる二人。
黒川「アッ!!」
　ナイフが、黒川の額を切る、谷口、素早く車からとび出し、
谷口「おまいのせいやで」
　叫ぶや、参謀とオケラの待つ車にとびのり、スタート。
黒川「乗れ!!　只じゃおかねえ……（叫ぶ）早う、のれ!!」
　黒川の額に、糸を引く血――。
玉井「兄貴ッ」
　とびのる。吉沢、大隅もとびのる。

82
道(B)
　夕日を背に逃げる谷口のオンボロ車。追う黒川の車。
　必死にハンドルを握る谷口、傍に、これも真剣なオケラ。バッグをしっかりと抱き背後を見やる参謀――その見た眼に――追って来る黒川の車。グングンせまって来る。
　額から流れる血が、黒川の形相を凄絶にさせている。

83
道(C)

　車の群の中をぬっと来る谷口の車、激しく追って来る黒川の車。

　次第にせばまる両者の間隔――。

参謀「（叫ぶ）あかんで兄貴ッ」

　必死の谷口、オケラ。

　×　×

玉井「（叫ぶ）もう一息やで。ボロ車め」

　×　×

参謀「（叫ぶ）兄貴!!」

　谷口の車、グッと大きく曲って、高架への坂道をつっ走る。その瞬間、
オケラ「あかん、先がないで!!」

　成程、行手の高架は、工事の途中。先端が、グーンと空中に途切れている。

　せまる黒川の車。

　必死の谷口――ギラギラ輝く眼、汗。参謀、オケラ、ウッと眼を閉じる。

　その瞬間、谷口は一杯にハンドルをきりブレーキをふむ。

　空中につき出た先端ギリギリに、急角度で、ガードレールに激しく接触しながら止る谷口の車。

　その傍を、急ブレーキをかけながらも、激しく、すべり行く黒川の車。

　道路の先端から、空中にとび出し、そのまま落下。

　火を吐く。

　が、同時に、谷口の車も後部から火を吐きはじめる。

　ころがり出て来る谷口、参謀、オケラ――

谷口「か、かねは……」

　谷口、参謀に叫ぶ。が、激突の際痛めた足をかかえて、路上で呻く参謀。

谷口「か、かね、かね……」
　狂ったように叫ぶ谷口、
　呆然とつっ立つオケラ。
　呻きつづける参謀。

（F・O）

84　三条大橋

　相変らずの雑踏。

　谷口、参謀、オケラの三人が来る。

参謀「アーア、ハックイしのぎないかいな」

谷口「ないな……ほんまに、しのぎにくい世の中や」

参謀「政治家は何しとんのや」

オケラ「（吐き捨るように）わいが総理大臣になったら、金持ってる奴ら、しばき倒したるで」

谷口「いきがったらあかん。ま、当分はあかんで、ネチョネチョ生きとるこっちゃ」

　参謀、ふと、足許の煙草の吸いがらを拾い、キョロキョロと辺りを見る。

　前方から、煙草を吸いながら来る青年――

　参謀、その前に立ち、

「火、かしてんか」

　いきなり手を伸し煙草をとり、火をつけそれを口に、吸いがらを相手に渡す。青年、一べつしただけで、行きすぎる。

　その背に、
参謀「おおきに……」

　と、深々と一服――。

参謀「（谷口に）どや、兄貴も一服」

　谷口、それを受け取り、ぷかりとふかす。

　その煙の中から、

――エンドマーク――

[カーアクション]

これ以降、連中がやるのは最後の一戦です。一〇〇〇万円の強奪作戦。何のためにやるかといえば、もちろん死んだ杉山の仇討ちではない。自分のためにやるのです。

連中はどんな風にやるでしょう。絶対に立ち上がらないキャラクターの連中が立ち上がりました。連中のいうペテンを使った戦いとは、そして結末は？　ここからあとはこれを描いています。８９３の六人にあった葛藤は、もう終わっています。今あるのは、やくざ組織と対立してどちらが勝つかということだけです。ここでは、どういうアクションをどういう手口で見せるかが大切です。カーアクションに工夫をこらしました。これを見てください。

何とかカネをうばったものの、そのカネが車ごと炎上して……。ラストシーンは三条大橋で元の木阿弥になった三人が、またみみっちく生きて行くという描き方です。「いきがったらあかん。ま、当分あかんで、ネチョネチョ生きとるこっちゃ」、これは当時のぼく自身のつぶやきでもありました。

第四章　シナリオを書くために

第一節　構成＝シーンの積み重ね

『８９３愚連隊』をひとくだりごとに分断し、同時に文字表現であるシナリオと照合しながら見てもらいました。この作品がどのような意図で、どのような構成で作られているかを知ってもらうために、このような見方をいたしました。いわば分析です。しかしシナリオを書くという作業は、これまでお話ししたことを、ゼロから出発して作りあげてゆくというまったく逆の作業なのです。

そのために当時のメモを持ってきました。このメモをたどりながら、さらに今ならこう考えられるだろうということも加えつつ、今度はシナリオを書くという立場から「構成＝シーンの積み重ね」を説明してみたいと思います。

１　箱作り

シナリオ表現の特徴は、シーンの積み重ねにあると申しました。『８９３愚連隊』は八四のシーンで作られています。つまり八四の「ある空間」と「ある時間」（限定された空間と時間でもあります）を設定し、その中で表現されたことを積み重ねることによって、ドラマを作りあげているわけです。

シーンの設定や積み重ね方は、作り手の計算によって決まるのですが、同時にその選択の基本には、どうしても作り手の好みが色濃く現れます。「好み」と申し上げました。実はこの「好み」こそが個性的表現につながるのです。同一のキャラクター、同一のエピソードという同一の素材を扱いながらも、それが作品（この場合はシナリオですが）となった場合に、大きく異なることがある。作り手の好みは、場合によっては面白い、面白くないということにもつながります。その要因となるのが、シーン設定の適切・不適切であり、シーンの重ね方の巧さ・稚拙さです。

『893愚連隊』のシーン設定は、適切か不適切か、巧いか下手か、作り手でもあるぼくが判断をくだすことはできません。けれどぼくの好みに基づく計算で、シーンをどのように積み重ねていったかについて、「箱作り」の形式で説明してみましょう。「箱作り」とは、シナリオ執筆の前段階にあたります。つまり構成のための「メモどり」です。

A

① 京都の全景
タイトルバック

② 893連中の
しのぎの実態重ねて

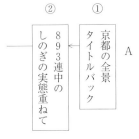

③ 谷口、杉山と再開

④ 杉山の過去

□の中に書きこんであります。だから「箱書き」と呼ばれます。□でかこまなくても、単なるメモでもかまいません。ぼくの場合、ほとんどが単なるメモです。

Aが、俗にいう「大箱」にあたります。当時のメモとは、実はこの大箱のことでした。メモにはこれ以降、奪った原薬が組織に搾取されるまでの箱書きが並んでいます。

大箱をさらに細分化したものが「小箱」です。

A（大箱）

① 京都の全景
タイトルバック

② 893連中の
しのぎの実態重ねて

B（小箱）

Aと同じく

イ 白タクでのしのぎ

ロ 駅を追われて（しのぎの一つがなくなる）
別のアイディア

ハ タクシーのただ乗り

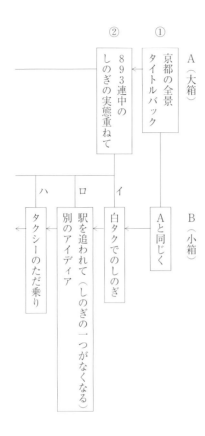

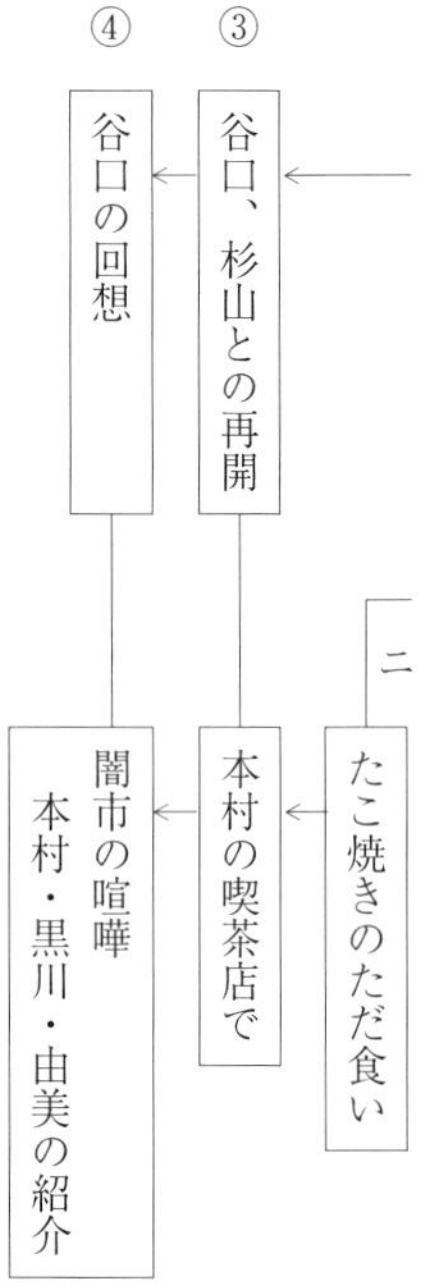

ここでいう小箱は、各エピソードにもあたります。では、この小箱をさらにシーンにするとどうなるでしょう。
これをシーン割ともいいます。

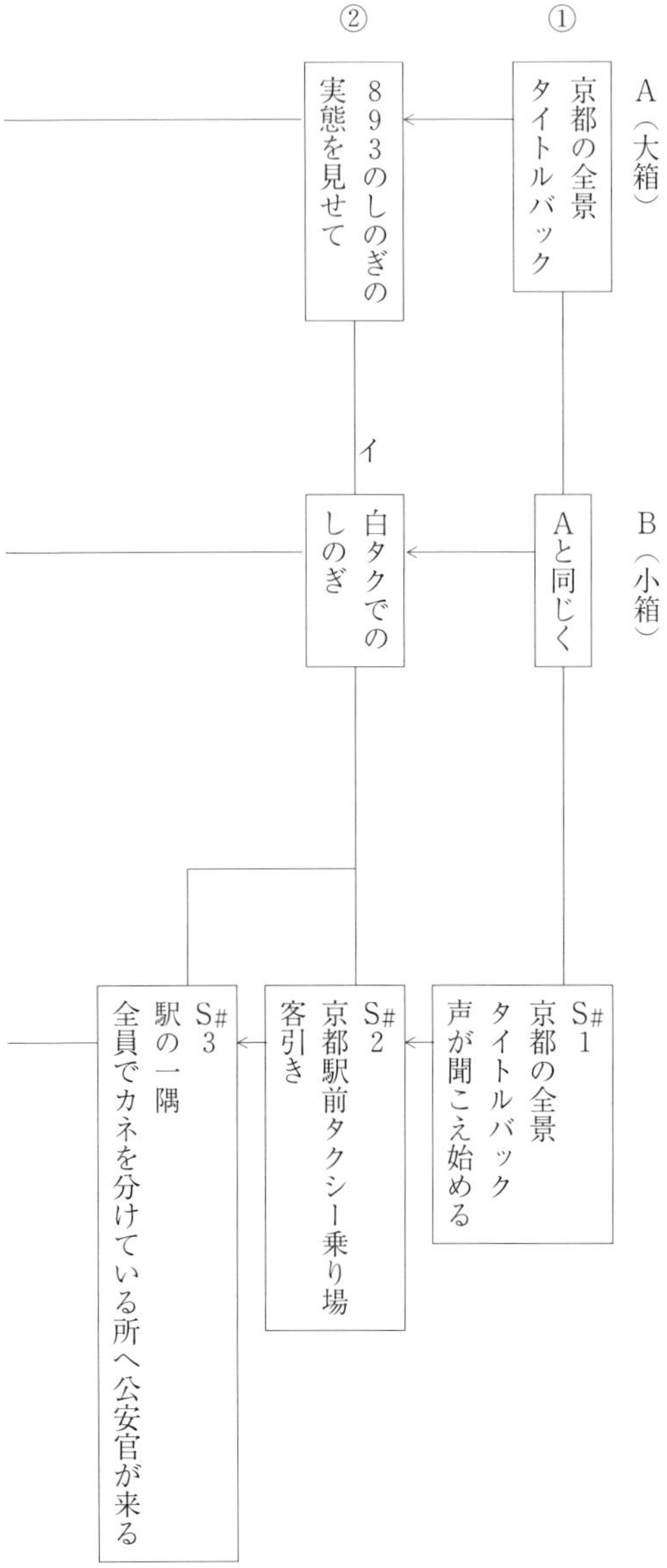

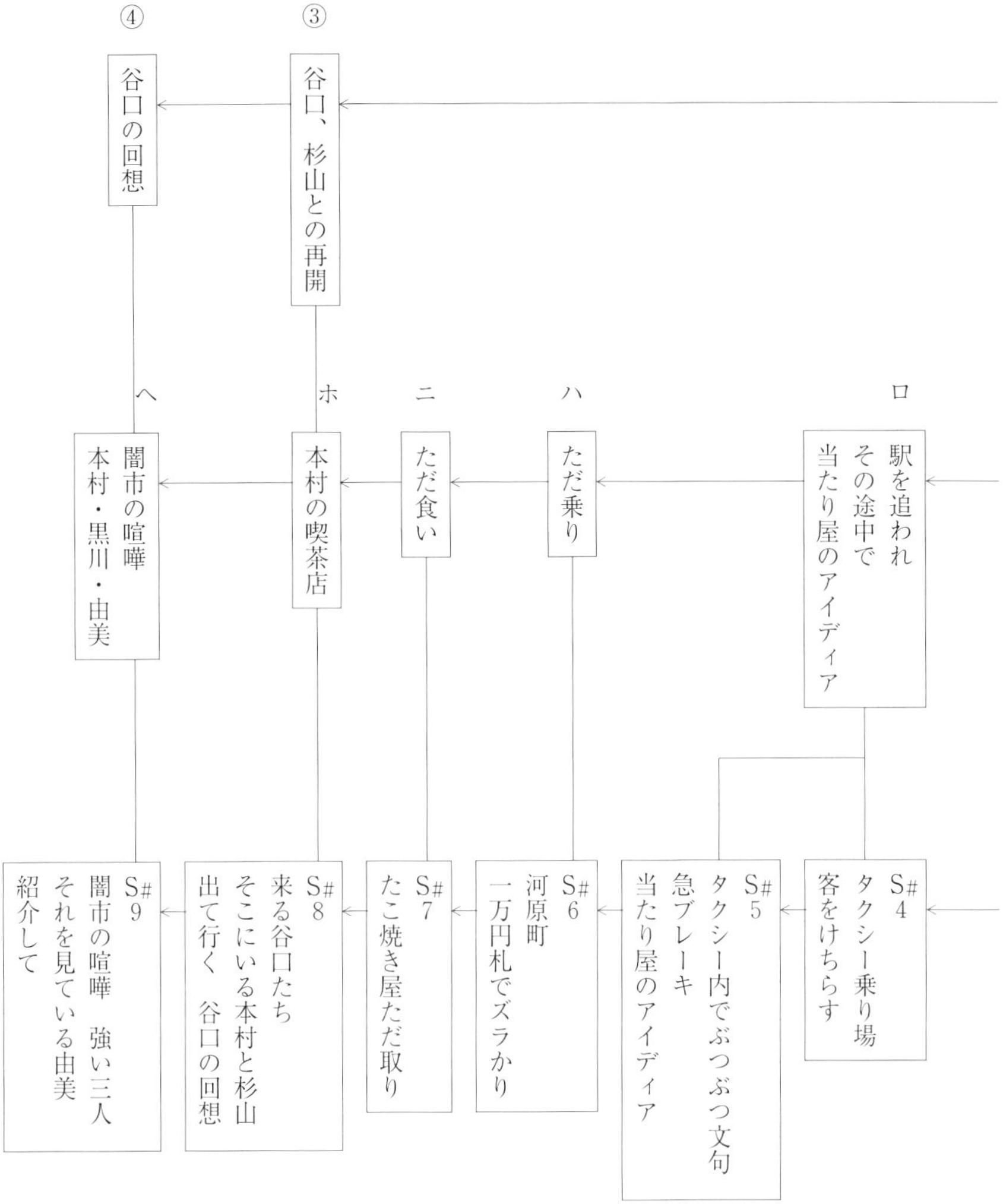
③
谷口、杉山との再開
④
谷口の回想
ロ
駅を追われ
その途中で
当たり屋のアイディア
ハ
ただ乗り
ニ
ただ食い
ホ
本村の喫茶店
ヘ
闇市の喧嘩
本村・黒川・由美
S#4
タクシー乗り場
客をけちらす
S#5
タクシー内でぶつぶつ文句
急ブレーキ
当たり屋のアイディア
S#6
河原町
一万円札でズラかり
S#7
たこ焼き屋ただ取り
S#8
来る谷口たち
そこにいる本村と杉山
出て行く　谷口の回想
S#9
闇市の喧嘩　強い三人
それを見ている由美
紹介して

こうして大箱から小箱、さらにシーンに割ってゆくことで、次第にシナリオの形に近づいてゆきます。

S#1から9までのシーンの設定やシーンの並びは、必ずしもこうでなければならないということではありません。京都全景から京都駅、白タク、タクシーのただ乗り、たこ焼きのただ食いと並べたのは、ぼくの好みに基づく、ぼくなりの計算以外の何物でもありません。ただ食いから入る手もあれば、ただ乗りのエピソードから入ることも可能です。君たちがシナリオを書く場合も、シーンの並びは君たちの好みと計算で自由に考えてみてください。面白いか面白くないかは別ですが……。

そしてもう一点、作品の個性を決めるのが、前にもお話しした「視点」のありようです。作り手はどこに、誰に、視点を置いてそのシーンを書いているか。視点のありようは、シーンの並び、いいかえればシーンの構成に、決定的な役割をになっています。

もう一度作品を見ながらそのことをご説明いたしましょう。

▽導入部

S#1から8までは映画への導入部です。京都の全景からいつのまにか駅に移る。そこに鼻つまみ者で、しかも大変みみっちいしのぎをしている893連中がいる。彼らはどんな連中なのか。客観的な視点から入り、彼らの生き様を描こうとしています。しかし作り手の視点はいつのまにか連中、とくにリーダー格である谷口に置かれることになります。

▽回　想

S#9は十数年前の回想シーン。谷口が見た闇市の世界です。谷口はまだ中学生ぐらい。あまり優等生ではなかったはずです。そこで杉山・黒川・本村という三人の男を見る。この回想は谷口の視点です。

「回想シーン」とは過去のことを思い巡らすシーンです。回想シーンで大切なのは、誰が思い起こしているかを明確にすることです。誰の回想か、誰に視点を置いているかを明確にしなければいけません。回想シーンは映画表現の非常に大きな特徴ですが、誰が思い出しているかが不明確だと、単なる過去の説明になってしまいます。そうならないために、回想には必ず、それを思い巡らせる主体が必要です。

S#9は谷口の回想です。谷口が見ているということは、谷口は当然その場にいあわせているということだけれど、谷口本人は画面に登場しません。映像でいえばキャメラ・アイが谷口です。S#1から8までの作り手の視点は、客観的に入っているように見せながら、いつか谷口に置かれていました。これがS#9まで続く。これも一つの手法です。

回想あけは、回想している人に戻ってくることが多いけれど、この場合は、回想に登場していた杉山と本村に回想あけがきました。作り手の視点はこれから杉山を追います。回想があけた時、作り手の視点は杉山に移り、杉山の視点で本村と由美を見ているという設定になるのです。このエピソードはあくまで杉山側から描いているのであって、本村側から描いているのではありません。

▼杉山の視点

S#10と11は杉山の視点です。S#12をはさんで14までが、また杉山の視点です。

前にもお話ししましたが、杉山を追う一連の流れの中に、８９３連中のエピソードを挿入したのは表現上のテクニックです。この流れは、S#9・10・12と重ねることもできます。こうすれば愚連隊の過去と現在という表現になります。そのあとにS#11・13・14とくれば、杉山と由美の過去を表現することになります。しかしS#11までは杉山で押し、流れを分断する形でS#12を入れました。これは作り手の作為です。こう重ねることによって、杉山と８９

3連中という二つの流れをより効果的に見せられるのではないかと思ったからです。

このように、二つの流れ（＝視点）をぶつけ合うように交錯させる方法は、あとからも出てきます。

当時のメモ（箱書き）にはこうあります。

⑤ 回想あけ…場所とんで 杉山・本村
← ⑥ 本村の家 由美との再会 過去が消えている
← ⑦ 飛び出してケンに会う
← ⑧ 一方893は ハクいスケのスカウト

しかしシナリオでは⑧が⑥の間に入っています。さらに小箱に書きかえればこうなります。小箱は、ほとんどそのままシーン割りになっています。

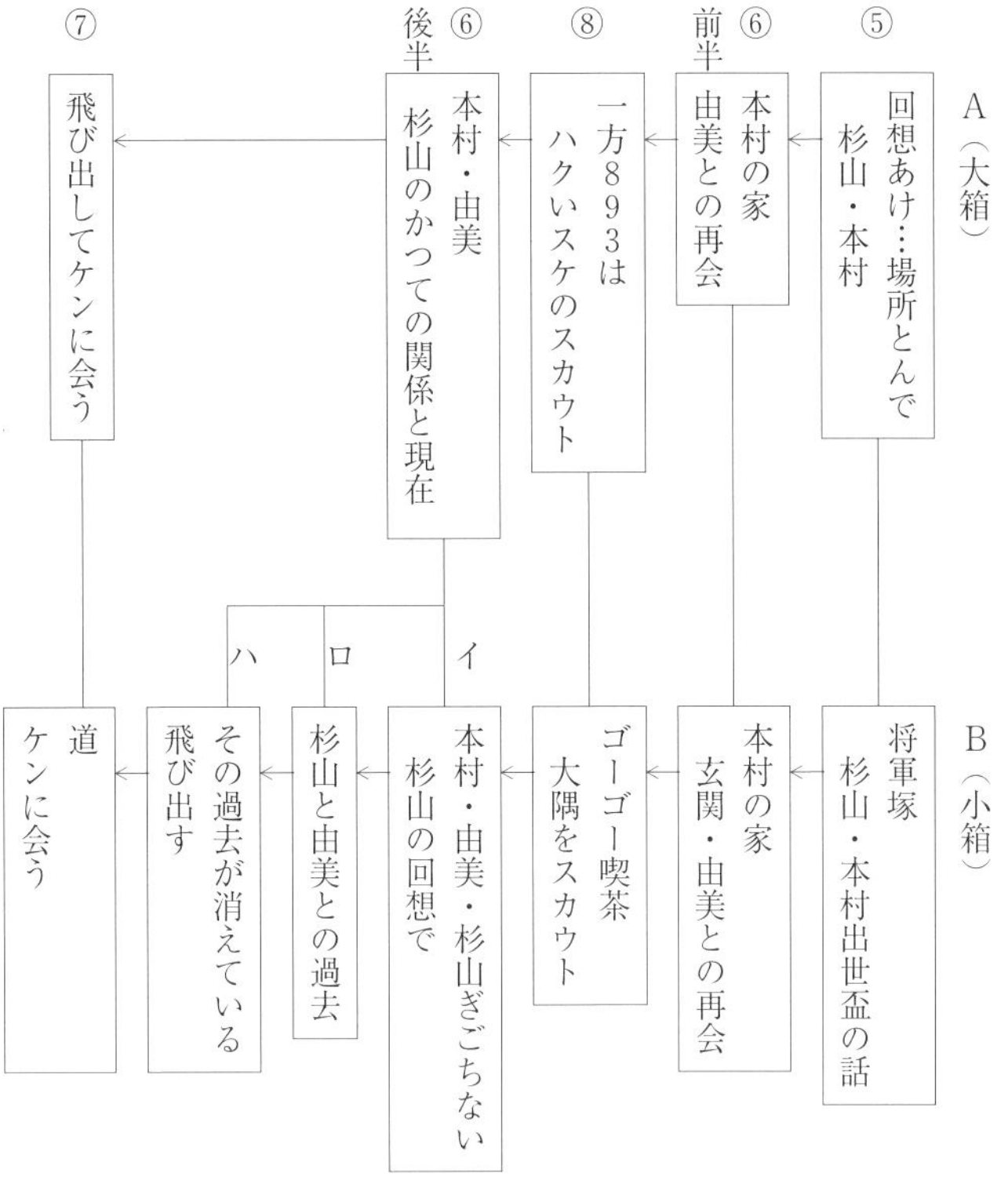

2　視点の分岐

ここまでの作り方は二つの視点を使用しています。一つは谷口・参謀・オケラ（ケン）という893連中、そしてもう一つは杉山です。しかしこの作品全体を通して見ると、これ以降、大きな視点は三つに分けることができます。

第一の視点は谷口・参謀・オケラの三人です。これは、ドラマ全体を通じてつらぬかれている視点です。

第二の視点は、杉山とケンです。ケンは初め谷口グループに属しますが、途中で杉山と同化します。

第三の視点が大隅です。大隅も途中まで谷口グループの一員ですが、そのグループ内にあっても谷口たちとは別の視点を持つキャラクターとして扱われています。

くどいようですが、もう一度、流れにそって整理しますと、冒頭は客観的な視点から入って、次第に谷口（たち）の視点に移ってゆきます。谷口の視点で杉山が登場します。ここから谷口たち・杉山という二つの視点が使われ始めます。そしてこれまた谷口たちの視点で、大隅が登場します。これ以降ストーリーの進展にともない、作り手は、谷口たち、杉山（ケン）、大隅という三つの視点を利用しながらドラマを構成させ、シナリオ作りをしているのです。

ここで重要なことは、この三者には明らかな差異があるということです。生き方のちがい、価値観のちがい、キャラクターのちがい。その差異は、一つの出来事に対した時に必ず異なる反応となって現れます。そこに対立、葛藤が生まれ、ドラマが生まれてくるのです。

少し脇道にそれますが、この三者の差異を明確にする意味で、三者それぞれの立場から見ると、この『８９３愚連隊』のお話はどのようになるかを検証してみましょう。

▥谷口・参謀・オケラの視点で見る

まず谷口グループです。京都の街に８９３連中といういい加減な野郎どもがいました。いきがってはいるがみみっちいしのぎ方で、その日暮らしをしていました。ある時そこに杉山というオールド野郎が入り込んで来ました。一緒に暮らすことになったけど、いささか価値観がちがう。しかし彼らは彼らしく、せこいながらも手法を拡大させ、カネもうけをたくらんでゆく。だけど必ず組織が現れて、何をやっても成功しない。しかも杉山とも具合が悪くなる。最後の大金が入ろうとした時、杉山が余計なことをしたから組織との対立が決定的になる。杉山はどうしようもない莫迦だ。その時さらにのぶ子（彼女は杉山の代弁者だよ）から罵声を浴びせられる。その罵声をきっかけに、ここで一発いきがってみようと、組織に戦いを挑む。そして勝つことは勝ったけど、アクシデントが起きて結局は元の木阿弥になる。ラストシーンでは最初にまい戻っている。こういうということですね。

映画では一時間半にわたっていろんなことを描いているけれど、結果から見るとちっとも変化がない。一度だけいきがってみたけど、やっぱりあかん。成長も発展もなく「あれは単なるいきがりやった」で終わり、「いきがったらあかん。ま、当分はあかんで、ネチョネチョ生きとるこっちゃ」と認識した。

谷口たち三人から見れば、出発点からぐるっと回って結局元に戻ってきた、そういうお話です。

▼杉山の視点で見る

杉山から見ると、同じ話だけどちがう。

十何年ぶりに刑務所を出てくると昔の仲間に会った。本村は小市民の幸福の中にくらしている。黒川は組織のえらいさんになっている。自分よりも若い谷口たちは、むかし自分がやったのと同じ愚連隊のくらしをしている。杉山は本村の仲間の家に行くけれど、一〇年という空白を意識しただけだ。そこでやむなく８９３連中の所へ身を寄せた。８９３連中と十何年前の生活に戻ろうとするが、違和感を覚えて距離が空いてゆく。女性問題では決定的な差が出てしまう。杉山は杉山なりに、連中とは別に何とか生きてゆかねばならないと思う。手段の一つは彼なりのしのぎの道を探すことである。そして連中にさんざんもてあそばれた被害者の女性に恋をする。この女といつかこんな所を抜け出したいと、ふと見た小市民の生活に憧れる。そのため組織と戦ったが組織に殺された。そういう話になる。

▼大隅の視点で見る

勉強ぎらいで予備校も行かず遊んでいると８９３連中に声をかけられた。連中のヤサへ面白半分に行ってみると、自分の意外な才能を発見した。女をたぶらかすすごい才能を持っている。それをちょっと実行するうちに、連中を見下ろすぐらいの資金源になっている。連中に美味い汁をすわせることはないと思った時、組織に勧誘される。売春組織をやるのなら、連中よりも組織にくっついた方が得だと計算する。そして組織にくっついて動き出すけれど、組織に忠誠をつくすわけではない。自分のためなら裏切りでも何でも平気でやる。でもそれが命とりになった。

『８９３愚連隊』は、この三者の視点を利用しながら、六人の８９３どもを描いていますが、たとえば

①徹底的に谷口たちの視点でこのドラマを作ったらどうなるか。

②杉山を主人公にして、これまた杉山の視点でこのドラマを作ったらどうなるか。

③さらに大隅を主人公にしたらどうなるか。

こうした場合、同じ人物像と同じエピソードを使いながらも、視点の重点をどこに置くかによって、できあがったシナリオ（映画）はまったく異なる作品になるはずです。

ただぼくの描きたかったことは、谷口たち、杉山（ケン）、大隅の個別の生き方ではなく、あくまでも六人の８９３どもでした。つまり作り手の第四の視点というものがあったのです。

3　第四の視点――作り手との共通視点＝アンチ権力

この作品の主な登場人物は８９３の六人です。この８９３の六人を描くことが、このシナリオの制作意図です。六人には８９３という大きなくくりがあって、六人を描くことで群像劇ができてくる。杉山は戦争体験者。谷口・参謀・オケラの三人は戦後の混乱期の中から出てきた。ケンは若いけど、戦争と密接に結びついている。大隅は飽食の時代に育った男。それぞれ考え方や物の受けとめ方がちがうから、当然のこととして相容れず、葛藤が起きる。葛藤が起きればどうなるか。

さらに彼らの考え方や生き方を明確にするために、対立要素として組織を登場させました。８９３の六人には相容れない部分があるけれど、共通点もある。それがアンチ組織、アンチ権力です。その点では一致する。

作り手であるぼくは、谷口たち８９３の三人に多分に共感する部分もありました。でも反発する部分もある。反発する部分は、杉山から見た三人としてしか描けません。杉山に共感する部分は多いけど、否定したい部分もある。大隅にはちょっと共感できないが、否定しがたいものがある。

この作品には、作り手が自分の生き方、ものの考え方、感性、行動様式を、完全に仮託できる人物はいません。しかし、それぞれはそれぞれでありながら、六人の８９３どもというくくりには、アンチ権力・アンチ組織という点で、作り手であるぼくの視点がはっきりと置かれているのです。この視点は、作品全体をつらぬくものであり、前にもお話しした、作り手の好みや資質に基づくものです。

お話を具体的な「構成＝シーンの積み重ね」に戻しましょう。S#17以降も、前述したような「メモ取り（箱書き）」が行われています。

８９３のしのぎの実態（小箱やシーン割りについてはシナリオを見てください）

ケン—白タク 杉山と父の話	←	参謀—病院 債権処理のヤマ	←	大隅・オケラ—パチンコ 組織の影と女の紹介	←	谷口—ヒモ 参謀からネタが飛び込んでくる	←	債権処理を実行へ ヤマを当てて大喜び

これは８９３連中のしのぎの実態を個別に見せるくだりですが、ここで注目しておいていただきたいのは、いずれ８９３内に生じてくる三つの視点の分岐……、つまり、谷口グループ、杉山とケン、大隅を、それぞれの行動として扱っていることです。谷口と参謀は大きなヤマをねらい、杉山とケンは戦争体験を通じてどことなく通じ合う。そして大隅は女との関係ができてくる。ここでは８９３どものしのぎを見せながら、やがて生ずるであろう三者の対立や葛藤のための下準備が、さり気なく行われています。

これ以降もこのメモ取りは続きますが、それがどんなものかは、もう想像していただけるでしょう。要は、こうしながら「構成＝シーンの積み重ね」を考えてゆくわけですが、その基本になっているのが、このくだりは誰の視点から描いてゆくのか、ということです。作り手はこの段階で、単にエピソードを羅列させるのではなく、そのエピソードは「誰の何を」描くためのものであり、その事柄を「誰が」どう「受けとめるか」を明確にしておかなければなりません。つまり「誰の何を」は、必ずその人物の「受け」につながり、その「受け方」によって対立や葛藤が生まれてくるのです。

くどいようですが、もう一度申し上げておきます。『８９３愚連隊』では谷口たち・杉山（ケン）・大隅という三つの視点を設定してあります。「誰の」とは、この三つの視点のどれを使用するかということなのです。

これ以後はシナリオを読んでください。ドラマは三つの視点を使用しながら進んでゆきます。たとえば谷口たちと杉山の対立を描く場合には、それぞれの視点から一つの出来事を見なければなりません。谷口たちから杉山はどう見えるのか。谷口たちと杉山の双方を描くことで、相違と対立が明確になります。大隅の場合も同じです。つまりこのシナリオは、三つの異なる視点、生き方、考え方の相違からくる葛藤を通じて、彼らの存在を描いているという構成なのです。

視点を複数おくことは特殊な事例ではありません。劇場で上映するぐらいの長さの映画ならば、視点は必ず二つ三つ設定します。作り手はこの視点を利用するのです。

大箱あるいは小箱とは、観点を変えればこの視点のあり方です。箱から箱への移り変わりは、多分に視点の移動に重なってゆきます。

第二節　シナリオ作りの実際の流れ

それでは、これからシナリオを書いてみようという方のために、今日まで説明したことを復習しながらお話ししてみましょう。

1　素材を自分のものにする

最初に、こんな映画をこんなねらいで作りたいという「企画」段階があります。そのためには「取材」「資料調査」「シナリオ・ハンティグ」などなどの方法を使って、その素材を徹底的に自分のものにしなければいけません。これが第一の作業です。

2　企画書を書いてみる

第二の作業は、こうして集めた素材から「本当に自分が描きたいことは何か」をきっちりと決めることです。メモでも文章でもいいので、文字にしてみましょう。

プロの企画書では「企画意図」という形で「こんな作品を作りたい。この作品には次のような特徴があり、今これを作ることにはこのようなメリットがある」と書かれています。ただこれは、商品価値を最優先させた書き方です。

シナリオを書く人間にとっては、そのことも大切ですが、それよりも「本当に自分が描きたいことは何か」を自覚することが大切です。これは徹底的につき詰めて考えてください。この段階を分かったつもりでいい加減にすると、後々、抜き差しならないことになります。「自分が描きたいことを描く」ということは当然のことのようですが、これがシナリオを書く目的であり、シナリオを書くという作業を遂行するエネルギーになるのです。

次に必要なことは、この「自分が描きたいこと」を、どのような人物像を使って、どのようなストーリーで描くのかという具体化の作業です。人物像作りについては、前にもお話しした通りです。ストーリーについては、人物像がはっきりするにつれ、エピソードをともなったより詳しいものができあがってゆきます。これがプロットです。人物像を作りあげてからプロットを作るのか、プロットを作ってから人物像を固めるのか、順番は決まっていません。この作業は、しばしば同時並行で進むはずです。

こうして本当に「自分が描きたいことは何か（＝企画意図）」、「登場人物」、「プロット」の三つが固まります。これで自分なりの企画書が完成します。

3　いよいよシナリオへ

企画書が完成したところで、いよいよシナリオ執筆にかかります。まずは構成です。

出揃った人物をどのように使ってお話を進めてゆくか。集めた（あるいは作りあげた）数多くのエピソードの中から、より人物像をふくらませ、より物語の転回を映画的にし、なおかつ「自分の描きたいこと」を鮮明にさせるためには、どのような「シーンの積み重ね」をすべきか。その作業の第一歩が大箱を作ることです。大箱ができたらその中を細分化して、小箱にしてみてください。

4 視点となる人物を定める

そのためには、この段階で作り手の視点となる人物像をきわめて具体的に作っておかなければなりません。作り手の視点だからこそ、その人物に作り手の物の見方が反映されるのです。Aという視点もある、Bという視点もある、Cという視点もある。A・B・Cという具合に登場人物を増やせば、視点はいくらでも作ってゆけますが、それは、必要に応じて考えてください。

むかし盟友会事件というやくざの抗争を下敷きに作品を作ったことがありました。盟友会事件とは、山口組の親分が盟友会というちんぴら組織に襲われた事件です。盟友会は、襲った相手が山口組の親分だと知らなかった。親分さえ知らないぐらいのちんぴら連中でした。組織は盟友会を壊滅せよと命令を出し、盟友会は徹底的につぶされました。これをちんぴら側から描いて『実録外伝　大阪電撃作戦』（昭和五一）という映画を作りました。別の時にはこれを、組織側から描き『殲滅』というシナリオを書きました。こんなことができるのは、この事件は組織にもちんぴらにも視点を置くことができる素材だからです。もし、組織とちんぴらの両者を俯瞰的に見ることができる作品になっていれば、どっちかが勝って、どっちかが負けるというゲーム性の強い作品として描くこともできる。このように、視点はどこにでも置けるのです。

視点をどこに置くかが作品の個性になります。作品の個性ということは、作家の個性でもあります。

野球を例にして考えてみましょう。巨人阪神戦は、阪神がたいがい負けますね。阪神ファンの立場からすると、巨人に徹底的にやられる試合ほど腹の立つことはない。巨人ファンの立場からすると、阪神をこてんぱんにやっつけるほど痛快なことはない。巨人阪神戦ひとつをとっても、同じ試合なのに、はらわたが煮えくり返るぐらい悔しい人と、爽快きわまりない人がいるわけです。

何度も取り上げますが、刑事と殺人犯の例もあります。刑事側から見れば、犯人逮捕が究極の目的です。犯人は鬼みたいに悪いやつ。捕まえて「ああよかったな」という話にするなら、犯人がどんなに凶悪で、いかに残虐な犯罪であったか、またその一方で、刑事たちはいかに艱難辛苦を乗り越えて逮捕を遂行したかを描けばいい。見ている人が刑事側に立てるような要素をいっぱい作ればいいんだ。こうしてゆくと「捕まってよかった」となるよ。次は逆。犯人の側から描く。事件はさっきと同じだけど、犯人に同情させるような人物設定を考える。可哀想な犯人。彼はいかに窮地に追い込まれ、この犯罪を犯さなければならなかったか。犯人は、こうするしかなかった。しかし刑事は容赦もなく、彼を極悪人としてひっとらえようとする。見ている方は「お願いだから捕まらないで」と思う。犯人にシンパサイズさせるように視点を犯人に置いて、犯行に至るまでの心情や動機を、感情移入できるように徹底的に描けばいい。

くどいようですが、この視点となる人物の設定は、シナリオを書く上での重要なテクニックであるとともに、作家の内面の問題とも深く関わっています。『８９３愚連隊』は感情移入ではなく感情移入を拒否しているドラマです。しかし自分が表現したいことは、８９３連中の行動や言葉でも表現しています。その場合は、つき放しているように見せながら、実はぼくが共感しているところです。そして連中に反発を感じるところは、杉山の目から見てはっきりと反発させています。杉山に対しては、８９３連中や大隅がそれを行っています。前にもお話ししたように、三者の視点をぶつけ合うことで、感情移入を拒否させているのです。

5　受けとめ方はキャラクターでちがう

視点を置く人物像は、具体的でなおかつヴィヴィッドに作っておかねばなりません。出来事が起きた、ではキャラクターはそれにどう反応するのかということだね。

出来事の受けとめ方は、キャラクターのちがいによって全部かわってゆきます。出来事をどう受けとめるかで次の行動が起きてくるのです。キャラクターが不明確で、前の受けとめ方と今度の受けとめ方が全然ちがっていたら、ドラマは分裂します。こういう人間だから、こういう受けとめ方をする、こういう受けとめ方をしたから、こういう行動に出るという具合に、キャラクターの一連の動きに整合性がないといけません。

具体例をあげてみましょう。S#40の玉つき屋。杉山と８９３連中がディスカッションするあのシーンです。このディスカッションは、ディスカッションのためのディスカッションではありませんね。前の出来事を受けとめて、次にどういう行動に出るかということを描いています。人妻をレイプして商売しようとしている８９３連中。連中は、さらにこれを発展させる夢を見ています。一方で杉山はそんな阿漕なしのぎはやらずとも、別の方法があるという。おっさん古いなと笑われるが、杉山は８９３連中に反発して、反物ぬすみをやります。レイプからさらに大売春組織を夢見る８９３連中と、それに反発を感じて反物ぬすみを始める杉山。このようにある出来事をどう受けとめたかは、キャラクターによってちがうのです。そういうキャラクターをしっかりと作っておくことが必要です。何度もいいますが、出来事の受けとめ方によって、次の行動が決まってくるからです。これがドラマの推進力になります。

6　複数の流れを交錯させる

二つの出来事がそれぞれの人物たちによって同時に行われている時、その構成はどうしたらよいでしょう。前にもあげた『８９３愚連隊』のS#10から16までの構成を思い出してください。あの時も説明しましたが、回想あけ以降は杉山を追ってS#10、11、13、14と描き、次にS#12、15と谷口たちを追って、S#16で両者が合流する。そんな作り方も可能ですし、その逆も可能です（ただしそのためには、シーンとシーンがよりスムーズにつながるよう、部分的な書き方が必要になりますが）。シナリオではそれを、二つの流れを交錯させる形で描いています。できあがった映画を思い出してください。

S#11で杉山が本村の家を訪れました。ピンポン鳴らすと由美が出てきた。その驚きの顔に若者たちの喧騒の音楽がぶつかってくる。と同時に、まったく異質の映像がぶつかってきます。S#12で８９３連中は大隅を捕まえようとしています。S#13、その一方で、再開した杉山と由美はかつてはこうでした、という見せ方をしています。

ここで表現したいのは、刑務所から出所した杉山が本村に会って、その家を訪れたら由美が出てきた。刺青をしたほどの仲だったのに、一〇年ぶりで会ったらその刺青も消している。杉山との過去が消えている、ということと、８９３連中は大隅をスカウトしたということです。

杉山の順を追い、次に８９３連中を追っても、お話の内容は同じです。これは語り口の好みの問題であり、同時に映像化された時の効果の問題です。

７　回想形式

回想形式についてもお話ししておきましょう。

S#９や13の中で、「××」で仕切られている部分が回想場面にあたります。いずれも杉山（たち）の過去が想いめぐらされていて、イメージとして表現されているシーンです。S#９は、前にも申しましたように谷口の回想であり、S#13の一部は、杉山の脳裏に浮かんだ過去のイメージの断片です。

なぜS#9が独立したシーンとして設定されているのに、S#13ではシーンとして扱われていないのか、という疑問をお持ちの方がいるかも知れません。これまでのシーンに関する説明から申せば、S#13の一部も独立したシーンのはずです。本来ならばそう扱うべきです。しかしあえてS#13の中で、

ギクンと杉山の顔が歪む、鮮烈なイメージがよみがえる。

×　×

抱き合う杉山と由美。

裸の腕に、由美、ひろしの刺青。

という表現方法をとったのは、この部分の回想のイメージがきわめて断片的で瞬間的なものであることと、さらにそのイメージに現在の由美の声をかぶせたかったことなどから、この方が作り手の意図を伝えやすいと考えたからです。あくまでも文字表現上のテクニックです。

それよりも、回想形式を使う上で強く意識していただきたいことは、その回想が誰の回想かということです。過去のある出来事、しかしその出来事も、それを回想する主体によってまったく異なる意味合いを持つであろうことは、これまでの説明で十分にお分かりいただけるでしょう。となると、回想シーンというものは、それを回想している主体にとってだけの過去の出来事なのです。ですから回想シーンといっても、単なる過去の説明ではなくそれを回想する人物の現在と深く関わりあった、現在のドラマの一部分なのです。

いよいよ原稿用紙に向かう時が来ました。

構成が決まり、そのくだりくだり（大箱―小箱）をシーンとして描くという作業です。まずシーンの設定から始めなければなりません。そのことからお話しいたしましょう。

8　場所と時間を限定させる

シナリオ作りの単位はシーンだといいました。日本語でいうと場面です。シーンを設定することは、ある時間と空間が決まることです。同じ場所でも、時間が変わればちがう場面に分けます。だから、午前中から午後にかけての教室なんてことは、シーン設定にはありえません。午前中のある時間、午後のある時間とシーンは分かれます。場所は一緒でも、時間が変われば、シーンとしては別だと考えてください。場所が変われば、これも別のシーンです。

場所の切り取り方には個人差があります。ぼくたちは今、大阪大学美学棟A教室にいます。たとえば、A教室から出て廊下を歩いてエレベーターの所に行ったとする。これをシーンで表すと、美学棟という同じ場所の中で時間が連続しているから「大阪大学美学棟」という一シーンになります。けれど、まずA教室、次がエレベーターの所と、時間が連続しなくて場所を飛躍させているならば、「大阪大学美学棟」という一シーンでまとめることはできません。「大阪大学美学棟A教室」「大阪大学美学棟エレベーター」という二つのシーンに分かれます。

場面設定は自由でよいけれど、シーン指定の問題は別です。『８９３愚連隊』のシナリオを見てください。S#1のシーン指定は「京都の全景」。これを撮られた映像から考えてはいけません。撮られた映像というのは、京都の全景からキャメラがパンして、さらにキャメラが京都駅ビルへ接近する画です。厳密にいえば、「京都の全景から駅ビルへ」となりますが、そんなことまではシナリオに書く必要はありません。これは撮影時の選択なのだから。

S#2は「京都駅前」。S#3は「同・一隅」。白タクのお客さんを取って、次のある時間でおカネを分けているから、S#2と3の間は時間が飛んでいます。場所も京都駅前ではなく、構内のある一隅に替わっていますね。次にタクシー乗り場を切り取り、しばらく走ったタクシーの中になる。画面に本願寺さんが見えています。

こういう風に、シーンの指定をきっちりと書きます。具体的に指示すれば、読んだ人に全体のイメージを想起させることができるからです。場面は自由に設定してもよいけれど、そこがどんな場所であるかというシーン指定は必ず書いてください。「ある場所」では駄目。「ある教室」とか「大阪大学美学棟A教室」という風に、具体的な指定が必要です。何度もいいますが、シナリオは最終的に映像化されるので、そのために必ずきっちりシーン指定を書いてください。

シーン指定を書いていると、書き手のイメージも明確になってきます。シナリオはイメージがないと書けません。シナリオはイメージを書くことでもあるのだから、シーン指定を書きこんでゆくことはとても大切です。シーン指定をきっちり書くことは、スケジュールを作る上でも重要です。撮影中、同時に撮れるシーンは一気に撮ってしまうからです。シーン指定の上に記されている数字をシーンナンバーと呼びます。シーンナンバーは「S#1」から最後まで順番につけてゆきます。シナリオを書いている時にシーンナンバーがはっきりしなければ、まだふらなくてもかまいません。けれど、シーンの指定は必ず表記してください。

9　ト書き

シナリオのシーンの中を読んでもらえば分かりますが、シナリオはト書きと科白でできています。ト書きはシーン指定と同様にイメージの文章化でないといけません。

有名なシナリオライターの依田義賢さんは、ト書き一つが映像ワンショットになるように書きなさいといっておられました。必ずしもそうは思わないけど、ト書きは読む人に一つのイメージを喚起させような書き方をしないといけません。

S#1のト書きは、「騒音の中から、男（谷口）の低い誘いの声が聞えて来る」。このト書きは、イメージのト書きというよりも音声効果のト書きです。イメージは「京都の全景」というシーン指定で分かる。どういう映像でつかまえるかまでは書いてないけれど。

2　京都駅前／タクシー乗場に並ぶ人々を捉え、話しかける谷口と参謀。

これでイメージがわく。

谷口、学生風の男を口説き落す。男、百円札を一枚、谷口に手渡す。五十円玉をかえす谷口。

これで五〇円を要求しているということが分かりますね。次は科白です。

谷口「よっしゃ、きまりや（と参謀に）御案内」／既に三人の客を待つ参謀。／参謀「（軽くうけて）毎度おおきに……どうぞ」／一同を、自家用車乗場に案内する。

こんな風にS#2のト書きは、人物の動きを表記したト書きです。

いち早く、それを見てとるオケラ（瀬川）手を上げる。／スーッと寄ってくる白タク。ドアを開けるオケラ、手際よく四人を乗り込ませる。／参謀、運転手に百円札を渡して、／参謀「河原町や」／バタンと、ドアを閉める。／オケラ「発車オーライ」／スタートする車を見送って、参謀、再び雑踏の中へ――。

S#2のト書きは、人間の動きを非常に具体的に書いています。映像表現は心理描写が苦手です。シナリオに「オケラは怒った」と書かれても、怒りをどう表現したらいいのか分からない。文芸ならば怒りの感情を書けばいいけれど、映像はヴィジュアルですから、オケラはどういう肉体表現で怒りを表現しているかを、きわめて具体的に書かねばなりません。「オケラ怒った」だけでは、どう怒っているのか分からない。それよりも「オケラは怒って足元の缶を蹴飛ばした」と書いた方がいい。けれど、実際に撮影する時は缶を蹴飛ばさなくてもいい。俳優さんが、それに匹敵するような行為を演じてくれればいいのです。

ト書きは、シナリオに行為や表情を言葉で書いておき、それを具体的に映像で表現してくださいという指示です。シナリオ表現のト書きは、常に具体的で、なおかつ映像的でなければいけません。つまり被写体が何を演じるかを具体的に表記するのです。これをマスターすると非常にシナリオ的な表現になります。

映画はシナリオそのもので完結しているのではなく、そのあとに映像化の作業が残っています。シナリオライターが自分なりのイメージで書き、それを読んだ演出家と役者が、その効果をさらに高めるような被写体を作る。そしてキャメラがきわめて正確にそのイメージを表現する。怒りを表情でつかまえるとすれば、怒りがよく分かるようなクローズアップをとらえればよいし、足元の空き缶を蹴飛ばすのならばフルショットでもいい。寄りのサイズで、蹴る足と蹴られる空き缶をつかんでもいい。それは撮影の問題です。

時にはシナリオライターの書いていることが、まったく理解されずに演じられたり撮影されたりすることもあります。シナリオライターが製作スタッフを信じられない時は、シナリオにできるだけあらゆることを克明に表記しておけばよいでしょう。シナリオは書くけれど監督しない場合は、ト書きをちょっとしつこく書く癖がついています。どうしても伝えたいことは、シナリオで伝えるしかないからです。シナリオを書く時は、それを意識して書けばいいでしょう。演出家が信用できるのならば、演出家のイメージがわくように書いておけば、作品全体がどんどんふくらんでゆく場合もあります。

『８９３愚連隊』のト書きは非常にラフに書いてあります。自分で撮ることを前提にして書いたからです。マキノ雅弘監督のシナリオには、ト書きがほとんどありませんでした。本人が書いて本人が監督するからです。でも監督だけが分かっていてもスタッフは困っちゃう。映画はみんなが分かってないとできないからね。

ト書きは、スタッフや役者にシナリオのイメージを理解させるという宿命を持っています。伝わらないと何もなりません。製作する人たちにとって、青写真的な意味を持っているということです。

シナリオは、一つの映画の製作にたずさわる一〇〇人ほどの人たちにとって、いわば青写真にあたります。一つの映画を作るためには、大勢の人々が関わり、いくつもの製作段階を経なければなりません。だから、ライターの意図をしっかり伝えなければ、思ったような作品はできません。映画製作に関わるすべての作り手に、ライターの意図をまちがいなく伝える表現であること。ト書きを書くにあたっても、これを忘れてはいけません。ここがシナリオと文芸表現との大きなちがいです。

10　科白はキャラクターにそって作る

次に科白。会話は誰にでも書けます。

登場人物のキャラクターは、この段階ですでに相当具体的になっている、ということを忘れてはいけません。言葉の使用や内容は、登場人物のキャラクターによってちがいます。参謀は計算高い内容のことしか話さない。オケラは「ドタマかち割ったろか」しかいわない。キャラクターと会話には密接な関連があるから、科白も登場人物のキャラクターを前提に、個性的なものにしないといけません。作り手にとって会話は非常に大切な表現手段です。だから、自分が作り上げたキャラクターにそって、そのキャラクターならばこういう言いまわし、語句の使用をするだろう、という会話を書かなければいけません。これはとても重要なことです。せっかくキャラクターを作っているのに、みんなが同じような語彙と表現になるとつまらない。ましてキャラクターと全然ちがう言葉使いをしたら、おかしなことになります。オケラが大学の先生みたいなしゃべり方をしたら、おかしいだろ。だから、自分が作ったキャラクターにしゃべらせるのです。

キャラクターや箱を作っている段階で、「こいつなら、こういうだろう」と思いつくことがよくあります。そういう時はたいがいメモを残します。このメモが生きてくる。メモを取ることによって、キャラクターがますますふくらんでゆくし、科白をいわせることでキャラクターが鮮明になることもあります。シナリオを書く前やシーンを重ねてゆく前の段階で、ふと思いついた時、そういうメモを残しておくのです。こういう時に考えた科白が、生きてくることが多いですね。

11　視点と表現

とにかくこういうことで一シーン一シーンを書いてゆくのですが、もう一つ大切なことがあります。それは、そのシーンがどういう視点から描かれているかということです。これが確実に文章に現れてくる。

S#1は客観的な書き方です。S#2もまだ客観的に見える。作り手の視点は、S#3からは次第に893連中に移ります。そしてタクシーのただ乗りをするあたりから、893連中からの描き方になっているのが分かるでしょう。たとえばS#8。893連中が喫茶店に来ると杉山がいました。これは杉山の方から描いたものではありません。本村と杉山は、完全に谷口の視点で登場します。谷口が「杉山の兄貴やおまへんか」といって、初めてサングラスの男が杉山だと分かる。最初から谷口たちの視点で追ってきたのだから、当然そういうことになります。

もしここで、視点を完全に変えてしまいたいならば、こうやればいい。サングラスをかけた一人の男が座っている。マスターの本村が入ってきて「杉山、久しぶりだな」と話しかける。杉山と本村の話が進むところへ谷口たちが入って来て、杉山から谷口に「よう、ジローやないけ」と話しかける。こうすれば、杉山の視点から書くことになります。

同じ内容だけど、どちらの視点から描くかによって大きくちがってきます。この場合は、谷口の視点から入った方がスムーズです。杉山の人物紹介も谷口の視点から行います。

どの視点から描くかということで、書き方も変わるし語り口も変わります。同時に映像化された時に画面の流れが非常にスムーズになるかどうかにも影響します。意図的に視点を変えると、画面の流れを断ち切ることもできます。ただこれは、無神経にどっちから書いてもいいということではありません。映画になった時の重要な要素でもあるからです。つまりそのシーンを登場人物の誰を視点として書くのか、シーンの中で誰を描くことが最重要かということにつながってくるのです。誰の視点から描くかは構成の時に決まっているのだから、それにそって書いてゆけばまちがえません。

時にワンシーンの中でも視点が変わることがあります。たとえばS#8。谷口の視点から入るシーンですが、もし谷口が本村に追い返され、その姿を杉山が見ていたとする。そして闇市の回想ということになれば、S#9の回想は杉山の視点で構成されることになる。ワンシーン全体が一つの視点と限られてはいないのです。シーンの中の芝居内容によって、ワンシーンの中で視点が移動することもあります。ワンシーンの中で展開させる面白さは、画面になった時も面白さとしてつながってきます。

12　シーンの並べ方

▼シーンの最初と最後・どう入って、どう終わるか

シーンの最初と最後も大切です。どう入って、どう終わるのかということですね。単に駅構内を通過するだけというシーンなら、構内に入ってきて消えればいい。そうではなくて、そのシーンの中である出来事が起きる。あるいは、前のシーンで起こったある出来事をそのシーンの中で受けとめる、とすればどうなるか。たとえば、これで一〇〇〇万円かせげるぞと喜んでいるところへ、組織が現れる。連中はその時どう受けとめたのか。受けとめたところで終わるのか、さらにもう一押しして、組織に対してこれからどうするのか、というところまで持ってゆくのか。

これはあるシーンを、どこから始めてどこで切るのかという問題です。ぼくの場合はこうします。一シーンで書きこめる場合は、まず徹底的に一シーンで描いてみます。そしてそのあとで、一シーンで押すか、シーンを割るか

を考えます。その時の判断基準は、映画としてどちらが面白いかということです。ぐいぐい押しまくるお芝居も好きですが、映像的な変化とある時間の経過があった方がよい場合なら、シーンを割ることになります。

「受け」のお話をしましたが、この「受け」によってもシーンの並びは重要な意味を持ってきます。S#72を見てください。杉山が死んで、逃げたはずのケンが遠くから走って来る。遠くから走って来てたたずんだ、足は動かなくてもいい。ケンが遠くから来たことは分かるけど、画面は死んだ杉山を延々とつかんでいるだけで、ケンがどんな顔で受けとめたかは撮っていません。むしろ杉山の死の直接的な受けは、次のS#73で893連中がやっている。参謀が「アホや、死んでもうたら元も子もないやないか」というあれですね。杉山の死をいたんでくれるのは最も親しいケンやのぶ子のはずですが、それはふせておき、893連中に受けさせているのです。ケンの受けは、S#74で電柱のところから出てくるところです。もしケンがS#72で受けとめたらそこで完結してしまうかも知れないから、S#74に持ってきました。こうするとS#74のシーンのインパクトが非常に強くなります。このように必ずしも同じシーンの中ですべてを完結させる必要はありません。どのシーンのどこで受けさせれば効果的かを考えましょう。

もちろんシーンの中で受けないといけない場合もあります。たとえばS#13。由美が本村の女房になっている。でも杉山にとって由美は、一〇年前に刺青さえ入れた仲である。その刺青はどうなっているかと由美の袖をめくり上げる。すると何もない。硫酸で火傷をさせ、痛い思いまでして消してある。消した腕の傷で、S#13を断ち切ることもできます。断ち切って、S#14、杉山に夜の道をとぼとぼ歩かせながら「ええかげんにせい」とつぶやかせてもいい。でもこの場合は、刺青が消えていることをかなり強い衝撃として杉山に受けさせたい。だから杉山に急に弾けたように笑い出させた。この出来事は、笑い出すという受け方で、ここではきっちり受けさせた方が衝撃的です。こういう場合はシーンを飛躍させない方がいいのです。

時間の順に。あるいは回想形式

今度はシナリオ表現の技術的な特徴のお話です。

まず、シーンが出来事の順番に並んでゆくというパターンがあります。シーンが現実の時間の進行にそって並んでいるということです。時間の進行にそって、空間も同様に変化してゆくという例もあります。この教室を出て行って、廊下を歩く。階段を降りて芝生の庭を歩いて行く。この場合は時間と場所が順番に流れてゆきます。

回想形式はどうでしょう。回想形式は、一見、いま進んでいる現実の時間とは一致しません。過去です。過去へ戻る。回想の一つの形式に、未来をイメージする場合もあります。しかしながら前にもお話ししたように「回想」とは、それを想いめぐらしている誰かのイメージなのです。ですから映像そのものは過去（あるいは未来）の出来事であっても、それは現在の時間の流れに存在している誰かの現在の心理状態が行っている主観的な想いめぐらしです。回想形式を使用する時は、そのことを理解した上で有効に使用してください。

勘ちがいをして回想形式は単に過去を説明する手段だと考え、安易に使用する人がいますが、それは回想ではありません。回想は、それを行っている人物の重要な心理表現、キャラクター表現であり、以後のドラマの方向性を推進する力を持つ表現方法だということを覚えておいてください。

幻想というものがあります。現実にないことを想いめぐらすことです。これも回想と同じことです。

13　科白、ナレーション、モノローグ

次は言語表現の問題です。シナリオには、通常の会話形式以外に「ナレーション」「モノローグ」という表記があります。『８９３愚連隊』は、ドキュメンタリータッチをねらったのであまり使いませんでしたが、シナリオで

はナレーションもモノローグもよく使われます。会話体である科白と、ナレーションやモノローグのちがいはお分かりになるだろうと思います。ナレーションとモノローグは、分けて考えてください。そのちがいは、ナレーションは客観的で、モノローグはきわめて主観的だということです。

ナレーションは物事の説明によく使われます。歴史的背景や過去の事実の説明を芝居でやると、時間がかかるし面白くない。こんな時、客観的な説明を入れてナレーションで処理します。モノローグは登場人物のいわば心の声です。科白として発声はせず、心の中だけで言葉になっている。これを声で表現します。心の中で「あの野郎、ぶっ殺してやる」と思ってはいるけど、口では何もいわない。けれどそういう言葉が流れてくる。これがモノローグです。

ナレーションもモノローグも、それを使うことが有効だと思われる時だけ使ってください。安易に使うとちっとも面白くない。テレビ小説なんて、しょっちゅうこれをやってますよ。ナレーションでト書きまでしゃべっていることがある。「テレビドラマ」といわずに「テレビ小説」というのが曲者だな。

14　映像処理の表記

Ｆ・Ｏ（フェード・アウト）は、前にも申しましたように画面がすーっと暗くなる手法。幕が降りますという感じになります。Ｆ・Ｉ（フェード・イン）は逆に画面がすーっと明るくなる手法。Ｆ・Ｉと書けば、さあここから新しいことが始まりますよと伝えられる。今はあまりしませんが、昔はＦ・ＯしてＦ・Ｉすることが結構多かった。有効に使えば、これを書いている人の意図を明確に伝えることができます。

ＷＩＰＥ（ワイプ）は、画面がすーっとぬぐわれるように流れていって、次の画面に変わる手法です。横に流れたり、縦に流れたり、真ん中から変わっていったりと、色々なパターンがあります。ＷＩＰＥは時間の経過や空間の変化を省略したい時に使います。場所や時間が同時に大きく変わる時はワイプを使う必要はありません。背景が変われば時間も変わったと分かるからです。こうして教室でしゃべっているけれど、途中は退屈だから飛ばして、時間が経過したあとにつなごう、そんな時にＷＩＰＥが使える。ＷＩＰＥは結構使われます。大島渚監督の『御法度』（平成一一）にも出てきました。

Ｏ・Ｌ（オーヴァー・ラップ）は、画面の一方が消えつつ一方が現れてくるという手法です。最初の画面がずーっと消えかけていると、新しい画が浮かんでくる。消えてから現れるのではなく、一方が消えながら一方が現れます。

これらは映像のテクニックですが、シナリオにそう表記しておくと書き手の意図を伝えることができます。テクニックを使う例をあげましたが、以下のことも覚えておいてください。Ｆ・Ｏと書かなくても、ト書きの最後の一行がＦ・Ｏと同じような効果を持つように書いておけば、読んだ人にはここはＦ・Ｏ的な画を作らないといけないんだなと、ちゃんと通じるのです。たとえば、一人の男が何かをした。その男が背を向けて、画面をずーっと遠ざかって行く。これはＦ・Ｏしなくても、人物が遠ざかるという意味ではＦ・Ｏと同じ効果が出てきます。これをフレームアウト（画面から消えて行くこと）させるとちょっとちがってくるけど、人物が遠ざかって次第に小さくなってゆくとＦ・Ｏと同じ効果が出る。このト書きからＦ・Ｏをするかしないかは、監督の判断です。暗い部屋のベッドに寝ていて、そこに朝の光がすーっと差し込んでくる。こうなれば、Ｆ・Ｉと同じ効果が出てきます。画面を技術的に明るくしたり暗くしたりしなくても、現実にある人間の動きや光を利用することで、アウト・インの印象はけっこう表現できるものです。

15 情　景

情景描写の第一目的は場所を説明することです。阪大の門えと看板、この建物などを映し出すことで、これから始まるドラマの場所がどこであるかをはっきり伝えることができます。また情景描写は、時間の説明にも便利です。「暮れなずむ空」とあれば、これは夕方ということです。もちろん両者を合わせて表現することも可能です。さらに情景描写は単に場所や時間の説明にとどまらず、時には登場人物の心象表現を表す手法としても使えます。怒り狂った男がいる。血のように赤い夕焼けが見えた。鴉が一羽飛んで、雷が光り豪雨が降り出した。使い方によってこれで男の心の中が分かります。

情景描写はある意味でイメージの世界だけど、現実にある部分（自然描写や風景）を切り取ることで作れる映像です。この使用法は難しいけれど、上手に使うと大変映像的な表現ができるので、しばしば使われます。心の描写と状況描写が見事に決まると、とても気持がいいものです。

おわりに——これだけ守れば何とか書ける

三原 則

今日までお話ししたことは、ぼく流のシナリオ作法です。最後にぼく自身がシナリオを書く上で、これだけは大切に守っているということを箇条書きにしてお伝えしたいと思います。

第一は「知らないことは書けない」。これは至極当然のことながら、案外おろそかにされがちなことです。ですから取材や資料調べやシナリオハンティングなどで、書く対象に関する知識を徹底的に集めてください。本当に知らないことは書けません。書けたと思うのは錯覚です。

第二は「こだわりがないと書けない」。シナリオはきわめて個的な作業だから「この作品を書く」という事柄に対する個的なこだわりが必要です。このこだわりが、作品を書くエネルギーになるのです。ぼくの場合、シナリオを書くという作業は人間を描くことです。ですから必然的に、こだわりの対象は人間=登場人物に向けられます。

こだわるのは必ずしも主人公ではありません。『吉原炎上』（昭和六二）はシナリオだけを書きました。明治時代の吉原の話だから、女郎がたくさん出てくる。主人公は名取裕子くんが演じた若汐という娘です。だけどどうしても若汐という人物像に興味が持てない。でも企画の要請上、若汐を主人公として書き上げなくてはなりませんでした。これは商業的な命題だから仕方ない。でも、主人公を追っかけているだけでは絶対に書けないことも分かっている。一方に、菊川というかたせ梨乃くんが演じた非常にたくましい女郎がいました。シナリオを書いている時には誰が演じるか決まってなかったけど、菊川にこだわって書いてやろうと思った。菊川は前半ではちょっとしか出てこないけど、彼女を描くことにこだわってゆくと、主人公もほかの女郎たちも書いてゆけるんだ。

『――激突』はアクション映画です。アクション映画の命題は、いかに面白い斬新なアクションの手を見せるかということにあります。しかしそれだけで二時間のシナリオが書けるはずもない。ましてアクションの手を考えるということは、ぼくにとって不得意な分野です。そこで緒方拳さんが演じた、日光から江戸城まで幼君を守ってゆく家臣の人物像作りに徹底的にこだわってみました。その作業には随分と時間がかかりましたが、強烈な父親像を描こうと思いついた瞬間から、やっと作業が動き出しました。資料調べやシナリオハンティングが済んでから三、四カ月かかっていたでしょうか。プロデューサーが考えているアクション映画の要請を満たすために、シナリオライターは、自分なりにその作品を書き上げてゆくためのエネルギー源を見つけなければなりません。ぼくの場合、それがぼくなりの強烈な父親像を描くというこだわりでした。できあがった映画は集団アクション劇のように見えるけれど、ぼく自身のこだわりは、主人公の人物像にあったのです。

プロはおカネもらって仕事をするから、自分の書きたいことだけ書いてりゃいいってわけにはいかない。だからどんな素材に対しても、自分がこだわれる部分を探すのです。探すのに時間がかかることがあります。しかも一本のシナリオを書くのには大変なエネルギーがいります。行き詰まって先へ進まないこともしばしばある。放棄したくなることもあるよ。シナリオは個人的な作業だから、制約がないと放棄したくなる。それを乗り越えて書いてゆくためには、徹底的にこだわれる対象を見つけ、それをエネルギーにしないと無理です。こだわりを持って作品に望み、自己規制しながら書いてゆく。これがとても大切です。

第三は「徹底的なキャラクター作り」。これが一番大切だということは、もう分かっていただけたと思います。ここをおろそかにすると、内容が全くふくらんでこない。ただストーリーを追うのに汲々としてしまうだけで、ちっとも表現がふくらみません。キャラクター作りだけは徹底的にやっておく必要があります。それでも途中で行き詰まることがある。ドラマを進める上で、どうしても自分に不都合なことばかりが出てくることがあります。自分の作ったキャラクターが自己主張を始めているからです。

そういう時は、最初に戻ってもう一度構成を洗いなおします。行き詰まったら最初に戻ること。これも大切です。一作品の原稿量は二〇〇字詰の原稿用紙に二〇〇枚ほどですが、五〇枚書いたぐらいで、詰まることがよくあります。詰まるということは、どこかまちがっているということです。人物像がちがうのか、その人物像を中心とするエピソードの選択がまちがっているのです。だから、この五〇枚をよく捨てることがあります。

ここで小細工をして自分に都合のいい答えを見つけてしまうと、そのほころびがどんどん広がってゆきます。登場人物の必然性ではなく、自分の都合で作ろうとすると、人物像が変わってきちゃう。シナリオを書き始めた頃は、これをよくやって失敗します。自分の都合で変えてはいけません。

たとえば、うまくゆかないからと神様を出して、最後の大団円に持ってゆく人がいる。神様は全能だから何でも解決できるからね。これは最も安易な方法です。でもここで神様を使わずに、もう一度登場人物を洗いなおして、解決に持ってゆかないといけない。いずれにしても、人物像をきっちり作っておかないと、どうにもなりません。

おばけも、何でもありだね。「狸御殿」シリーズは、狸が人間の姿に化けてその格好でいろんなことをやるミュージカルです。狸だから都合が悪くなると消えられるし、化かすこともできる。これも何でもありだけど、狸御殿はドラマでなくてショーだから、いいといえば、いい。でもドラマで何でもありは駄目ですよ。妖怪やおばけでドラマを作ろうとする人がいるけど、妖怪やおばけのコンセプト（性格）作りが甘いと、これは何でもありになる。作り手が自由にイメージをふくらませるということと、作り手の都合で自分に都合のいいお芝居を作ってしまうということは、まったく別の問題です。

人物設定をする時にいつも肝に銘じていることは、自分にとって都合のいい人物を作るなということです。とくに執筆の途中でこれをやってしまうと、もうどうにもならなくなる。つき放すにしろ共感するにしろ、自分にとって最大限に興味のある人物像とのつきあいが、シナリオを書く作業だと思っています。

「これだけ守れば何とか書ける」というポイントは、大きくいうと以上の三つです。

質疑応答

質問1　『893愚連隊』の三人には感情移入できないので、映画を見ていてあまりカタルシスを覚えません。

あの三人には感情移入しにくいね。だから彼らを主人公として見るには、ヒーローたりえないドラマになっています。その通りだよ。この作品はずっとお話ししてきたように、三人に感情移入させてカタルシスを感じるような作り方をしていません。

むしろ逆の方法でドラマを構成しています。

ドラマとは、必ずしも感情移入をしてカタルシスを覚えさせるだけではありません。その方法は主流だけど、それだけではありません。

とくに映画では、映画の持つリアリズムが時としてドキュメンタリーを作りうる力を持つし、ドキュメンタリータッチにして、いかにもドキュメントっぽく客観的な描き方で作る方法もある（映像にリアリズムがあるというのは錯覚です。映像には本当の意味でのリアリズムはありません。これについては『映画の四日間』を読んでください）。だから映画は、主観的に感情移入をさせてカタルシスを覚えさせるドラマだけでは必ずしもない、ということです。これはさまざまな映画を生んでいる一つの理由でもあります。

自分の仕事を思ってみると、感情移入からカタルシスというパターンのドラマが、どちらかというと多いかな。カタルシスを覚えてもらうほどの腕はないと思うけどね。とくに感情移入ということではなくて、人間そのものをむき出しにしてみようという映画もあります。どっちの方向性がいいということではありません。どちらの方法をとるかは、素材の持つ内容で変わります。『８９３愚連隊』は、感情移入してもらう主人公を設定してカタルシスを覚えてもらうというのとは明らかにちがう方向で作っています。それは理解してください。

映像表現には、かなりの幅があります。幅を持っているだけに、自分の興味はどちらか、あるいは、この素材はどういう描き方をすればいいかという問題が生まれます。けれど、あまり限定的に考えない方がいいですよ。映画を一定の価値基準だけで見てゆくと、見当ちがいになることがあるからです。知識として幅広く「映画におけるドラマとは何か」と考えてもらった方がいいと思います。

質問２　監督としてシナリオを書き変えたことはありますか。

あります。でも人が書いてくれたシナリオは絶対に勝手に変えません。仁義に反するからね。変更する場合は必ず了解をとります。

シナリオライターの高田宏治さんとはよく一緒に仕事をします。彼とは同い年で、東映の同じ釜のメシを食って育ちました。彼の場合、第一稿はとっても普通の映画にはまりません。普通のシナリオは二〇〇字詰原稿用紙で二〇〇枚から二三〇枚だけど、高田ちゃんは三〇〇枚ぐらい書いてくるからね。そこで「あとは勝手にやってくれ」という。だからシナリオを変えるということではなく、自分に合わせてどんどん削ります。そして「これでどうや」と見せるのです。高田ちゃんは「あとは勝手にやってくれ」といってはくれるけど、設定を変えたり、とくにキャラクターを変えたりする時は、神経質に相談します。自分がライターとして書いて相談なしに変えられたら、自分でも激怒しますからねえ。

質問3　撮影は、シナリオとにらめっこをしながら行うのですか。

『８９３愚連隊』はシナリオを自分で書いたから、いちいちシナリオを手にして演出しませんでした。書いたあと、そんなに時間をおかずに撮っているから、科白も大体覚えていました。

自分のシナリオだととくにそうだけど、シナリオはある種のイメージで書きます。とくにト書きは、イメージを書いているようなものです。でもそれは、画コンテを考えていることとは絶対にちがいます。「ここでアップ入れる」なんていうのとはね。そうではなくて、どういう受けとめ方をしてもらうかという形は、頭の中にできているのです。シナリオ表現はシナリオ表現であって、役者の演技力はまた別の問題です。

アップを撮る時の顔の表情は俳優さんの領域ですから、「こんな顔をしてください」とは要求しません。表現力がない場合は仕方がないから、足をつねって痛そうな顔をしてもらうこともあります。一人前の俳優さんにそんなことはできませんよ。新人女優には時々やるけどね。

質問4　『あゝ同期の桜』では過度の感情移入をさけられたそうですが、親子の描き方も『８９３愚連隊』のようにつき放して書いておられるのですか。また記録映像を使っておられますが、記録映像はどうやって手に入れるのですか。

『あ、同期の桜』のねらいは、賛美したり涙を流してもらうことではなく、残された手記の中にある戦争の受けとめ方の問題を、できるだけ客観的な事実として描くということでした。当時は三二歳ぐらいでした。若気のいたりといえばそれまでだけど、この作品は感情移入のドラマではなくて、できるだけ乾いた感じのドラマにしたいと思っていたことも事実です。

ぼくは、特攻で死ぬことは犬死だと思っています。あの死をただ犬死だと決めつけているのではありません。あの死そのものが犬死だと認識することによって、彼らの死の意味が初めて出てくるのだと思います。あんな犬死しなきゃならないような状況を、もう二度と作ってはいけないと思った。だからできるだけ淡々と描きたかった。

モノクロにしたのも、できるだけ淡々と描きたかったからです。テクニックが未熟な点があるけど、弘樹ちゃん親子の別れのシーンはできるだけ泣かすまいとしました。泣かせ方のテクニックがあることは知っていましたが、なるべく泣かすまいと思った。

ぼくたちの世代は戦争と深くつながっています。おやじは戦死したし、手記を書いて死んでいった和田稔さんの妹とも同級生でした。だから特攻による死を、単なる犬死だとは決して思っていません。けれど特攻で死んだ人を生き残った人が賛美し、だからこそ今日の日本の繁栄があるのだ、なんて納まってはいけないと思いました。そういう気持をこめて「特攻で死ぬことは犬死だ」といったら、その言葉だけを取り上げられて強烈に批判されました。

それが軋轢を生んで、あの映画は封切時に完全版から二〇〇〇フィート近くカットされてしまいました。カットされた部分については、今さら何をいっても仕方がないことです。死んでしまったものなのだから一切語りたくない。けれどあの映画には、大変複雑な思いを持っています。封切った直後から先日まで絶対に見なかったのも、そのためです。でもビデオが届いたから見てみると、歳をとったこともあるのかなあ、今の時代だと、これだけ残っていれば見てもらってもいいかも知れないと思った。

実写フィルムについてですが、日本はいくつもの島で玉砕したけれど、玉砕した島を日本軍が撮った実写はありません。だから、アメリカ軍が撮った映像にたよらざるをえませんでした。これについては、一フィートいくらで権利を買う必要がありました。

昭和一八年の神宮外苑は、日本人が撮った実写です。画面には東条英機も出てきます。雨が降っているね。スタンドは超満員の女子学生でうめつくされている。学生たちの壮行会のフィルムです。これは実際にあったことです。ああいう映像は再現不可能です。最後の特攻機の突っ込みも再現不可能です。だから、最初と最後は実写を入れるしかないと思っていました。

実写とドラマが交互に入るから、ドラマにはなるべく違和感のないようにモノクロ映像を使おうと思いました。

六一本の映画を作りましたが、白黒で撮ったのは、今回みてもらった『893愚連隊』と『あゝ同期の桜』だけです。

質問5　映画で表現される時空間の再現は、文学などよりも鮮やかなのでしょうか。

文学でも時間や空間の再構成はできます。しかし映像ならば、たった一コマで効果的に表現できる。そういう意味では鮮やかだといえます。

視点の置き方もそうです。映像の場合「キャメラ・アイ」というものがあります。作者の視点の置き方をさらにキャメラ・アイがつかむのです。文学でも視点は当然かえてゆきますが、映像ではそこにさらにキャメラ・アイが加わるので、非常にヴィジュアル的になります。これは、文学と映像のどちらがすぐれているということではありません。

映像は具体的です。文学表現なら「赤い花」という文章で読者はそのイメージを自分で想起する。ところが映像で「赤い花」というと、赤い何の花かというところまで定義されてしまう。定義は映像を送り出す方から出され、作り手の具体的な選択が、固定的なイメージとして見る側にぶつけられてゆきます。それはワンショットだけにとどまりません。映画全編を通じてそうなのです。

たとえば、公園でAとBが待ち合わせをしていたとしましょう。Aは待ちくたびれ、Bはあせって待ち合わせ場所へ駆けつけます。これをAの側から描くか、Bの側から描くかで、表現はまったく異なります。

また、シナリオの中で「○○の見た眼で」と書かれていることがあります。これを、例一、Aの見た眼で去って行くBという人物。例二、Bという人物の見た眼で近づいてくるAという人物。こうすると、キャメラの位置は、例一の場合はAの眼であり、例二の場合はBの眼になります。このように映像はとても限定的です。こうした映像表現の特徴をよく踏んでおいてください。シナリオ表現とは、時にイメージを限定することにつながるのです。

文学表現の方が映像よりもイメージが豊かになる時もあります。けれど時として、具体的な映像の方が文学よりも的確にイメージを伝えることもあります。これは先ほども申しましたが、どちらが良い悪いということではありません。素材やどちらを選ぶかという個人の選択に関わるのです。

ただ動態系の表現では、文章表現もお芝居も映画もテレビドラマも、基本的に作り手の視点が重要です。そういう意味ではほとんど変わりません。

質問6　『893愚連隊』は、『勝手にしやがれ』を意識して作られたと読んだことがあります。当時ヌーベルバーグは大変な流行でしたが、ヌーベルバーグを意識されましたか。

ほとんど意識してません。ルイ・マルは見てたけどゴダールは見てないしね。

時代劇ばかりで育って、時代劇がいやになり、何とか現代劇を作りたいという現代劇願望が強かった。べたべたしない現代劇を作りたいと熱望していました。当時は、感情移入を排除してキャメラの客観性を使ってものを作るのが新しいという風潮がありました。京都にいたから、時代の先端の意識はあまりありませんでしたけれど。

最後はシナリオ作法みたいになってしまいましたが、理論的にシナリオを解剖するにはもっと適任の方がいらっしゃるでしょうし、ぼくにはシナリオ作りで経験したことに基づいてお話しすることしかできません。しかしこうしたお話の方が、実際にシナリオを読み、また実際に映画を見るにはお役に立てるかも知れないと思っています。

質問が特になければ今回の集中講義はこれで終わります。お疲れさま。

附録　映像自分史ワークショップ　配布テキスト

▒映像自分史ワークショップは、平成一三年九月二五日から二七日の三日間、第三回京都映画祭の一環として京都芸術センターにて開催された。「ビデオによる自分史の作り方」をテーマに、講師に映画関係者を招き、ビデオ映像で自分史を作るための構成・脚本、素材集め、撮影方法、音響処理、仕上げにいたるまでの基礎を具体的に学んだ。ここに掲載するテキストは、中島貞夫氏自身が執筆し、同ワークショップで受講者全員に配布されたものである。これまで述べられたことの具体的な要約としてご参照いただければと思う。（構成者註）

今、自分史をつづる方々が大勢いるそうです。自分が生きたあかしを残したい。自分の足跡を子や孫らに伝えたい。自分で自分の来し方を一度しっかりかえりみてみたい。思いはさまざまでしょうが、いずれにしても自分史をつづるということは、人それぞれに生きぬいてきた今日までの自分を語るということです。

人はそれぞれに個別です。それぞれがそれぞれの生き方をしてきたはずです。一〇人いれば一〇の自分史が、当然そこに存在します。決して同じ自分史は存在しません。

過ぎし自分の歴史を振り返る時、人それぞれにさまざまな人との出会い（父母、家族、友人、上司、同僚……等々）、さまざまな出来事（幼児体験、学校生活、就職、結婚、時代により戦争体験、大切な人との別離……等々）と、色々な遭遇があったはずです。出会いにしろ、出来事にしろ、甘美な思い出となって残っているものもあれば、悲惨な思いとして残っているものもあるでしょう。悔恨のない人生なんてないし、愉悦のない人生もないはずです。そんな人それぞれの生き方、いや、生きてきたその足跡、それを今回は映像でつづってみましょう。

まず、シナリオを書いてみましょう。文章を書くのは苦手だとおっしゃる方も、むずかしく考える事はありません。ただし、これから申し上げる道筋だけはきっちりと踏んでみて下さい。

自分が一番伝えたいことは何でしょう。何もかも、自分の生きてきた足跡すべてを描くような大長篇作品を作ろうとおっしゃる方は別として、いやその場合でも、自分自身が一番伝えたいことは何であるかを、自分ではっきりと決めることが何よりも大切です。このことは、何のために自分史を作るのかという目的意識を明確にすることにつながるからです。

自分が伝えたいことを伝えるためには、自分の歴史のどの部分を描く必要があるのでしょう。それを明確にするために、自分の歴史、つまり生きてきた足跡を整理してみましょう。

まず、少々くわしい履歴書を書いてみます。

生誕（場合によっては先祖のことから。つまり家系）
↓
職歴もさることながらエポックメーキングな出来事を
↓
現在

この履歴書を眺めていると、自分が伝えたいことを描くために「ここは外せない」というポイントがはっきりと分かるはずです。たとえば、妻との出会い、結婚、病気など。また履歴書には、その時代の社会のあり方を年表的に書き加えておきましょう。

履歴書にそって、自分の伝えたいことを一度文章にしてみましょう。文体は自由です。

一例をあげてみます。これはぼくの幼少期を書きとめたものです。どちらかといえば、自らを語るという形です。

私が生まれたのは、昭和九年、暑い夏のさかりの八月八日でした。所は九十九里浜にほど近い、千葉県東金市です。もっとも当時はまだ市制は施されてはおらず、千葉県山武郡東金町でした。古くから江戸と銚子の街道筋の宿場町であり、このあたりの商業の中心地でもありました。

父の名は要一、母はき美よ。家は代々続いた味噌・糀の製造業で、使用人も七、八人はおり、ま、それなりに裕福なくらしぶりでした。

戸籍上は次男です。しかし、長男が早世したので、跡取り息子として、かなり過保護に育てられたという記憶があります。

その頃の商家はどこでもそうでしたが、両親は家業に忙しく、もっぱらおばあちゃん子でした。やさしい祖母でした。幼稚園はカソリック系で、そこで行われる行事や父兄会に出席するのももっぱら祖母でした。甘やかされて育ったせいか、やんちゃなくせに泣き虫だったとは、私が五歳の時に東京に嫁いで行った叔母の証言です。

私の場合、こうした生活が戦争によって一変します。

昭和一六年、太平洋戦争勃発。その年、国民学校に入学。今でいう小学校ですが、戦時体制にあわせて小学校は国民学校と名前をかえていたのです。

後に知ったことですが、私の通った東金国民学校は、皇民教育……そう、すべての国民は天皇の赤子であるという考えのもとに、徹底した軍国主義的な教育で有名な学校でした。

しかし、戦況の悪化の中で、昭和一九年四月、父は出征。その年の九月に中国で戦病死いたしました。

一昨年、父が死んだ病院が昔のままに残っていると聞いて、中国の大同を訪れました。「一面にコスモスが咲いています」。父の最後の軍事郵便にはそう書かれていましたが、今では新しい建物が林立していました。

父の死の報を受けた時、私は国民学校の四年生でした。こみ上げてくる涙を必死にこらえていたのを今でも覚えています。父はお国のために死んだのだ。男の子は泣いてはいかん！　徹底した軍国主義的教育に忠実にしたがおうとしたのです。事実、当時の私は模範的な軍国少年でした。

ほどなく学校は兵舎となり、教室での勉強に代わって午前中は竹槍訓練、午後は勤労奉仕という日々が始まりました。家業はまったくダメになり、父の死を知った祖母は病床に伏すようになりました。米軍のB二九による東京空襲も始まっておりました。B二九の編隊は、相模湾から入って東京を爆撃し、九十九里へぬけるか、あるいはその逆か、連日のように空襲警報のサイレンが鳴り響き、防空壕へ逃げ込む生活が続きました。

それでも軍国少年は、日本の勝利を固く信じていたのです。

それにしても母は偉大です。病床の祖母、父の死から一週間後に生まれた乳呑み子の弟、四つ違いの姉と二人の妹、それを抱えてこのすさまじい修羅場を母は生き抜いていたのです。

そして昭和二〇年八月一五日、その日も今日のように晴れ上がっておりました。

いよいよシナリオ作りですが、『映像で綴る自分史』ですから、この内容を伝える適当な映像がなくてはなりません。といっても、過去の映像を持ちあわせている人などほとんどいないでしょう。では、どうすればよいか……。

まず思いつくのは、過ぎし日の写真類です。アルバムをひもといてみてください。そこから何点でもよいので、写真をピックアップしてみましょう。もちろん、多ければ多いほどよいのです。次に日記や手紙類です。これも貴重な被写体です。さらに絵や賞状など、これぞと思うメモリアルなものはすべて集めてみましょう。

過去につながる風景（街並、自然）や建物（自宅、学校、社寺…）などは、あらためてロケーションハンティングしてみましょう。

自分が生きた時代がどんな時代であったか、それを映像化するためには、記録にたよるほかありません。これには当時の新聞や、グラフ類がためになります。

しかし何といっても最大にして最強の被写体は人間です。それも自分史の場合、自分です。自分をどのように映像としてとらえればよいのか。このことがシナリオ作りの基本になります。いいかえれば、この作品の語り口を決定づけるのです。

ぼくの幼少期を語ったことを一つのモデルとして、シナリオ作りをこころみてみます。被写体として用意可能なものは、アルバム、および写真類。父の手紙、死の公報。グラフ類。風景は、今回のためにあらためて撮りました。そして現在の自分……。こういった被写体を使って、前述した内容をどう伝えればよいでしょうか。

前に「語り口」ということを申し上げました。自分史を作るということは、自分を素材として一つの作品を作ることにほかなりません。作品には必ず作り手の価値観が表現されます。自分史の場合は、この価値観が人生観です。人生観を明確に伝えるためには、この作品の作り手は、どんな思いやどんな姿勢で作品を作るのかということが、きわめて重要になってきます。作り手の「視点」をはっきりとさせねばなりません。語り口とは、作りの視点のことです。

自分史の場合、この視点は大別して二つになるでしょう。「主観的視点」と「客観的視点」です。簡単に申せば「主観的視点」は、自分で自分を語るということです。自分で自分を見つめ自分を語るのですから、ここにはもろに、自分の価値観や人生観が色濃く表れます。それに対して「客観的視点」は、自分を他人の眼から見てもらうという方法です。自分史の場合、作り手は自分ですから、「他人の眼から見てもらったように」作るということになります。自分の価値観以外の価値観で、自分を見つめるということです。しかしこれは、いうのは易しいが、なかなかむずかしい。

具体的な例で考えてみましょう。

主観的に自分を語る場合、その主観は今（現在）の自分です。過去の自分の生き方も、今の自分の価値観ではかるということです。ぼくの場合、少年時代は軍国少年でした。そのように徹底的に教育を受けていたからです。そんな少年時代の生き方を肯定するにしろ、否定するにしろ、それがあったから今の自分があるのです。その積み重ねこそが人生であり、自分史をつづる意味ではないでしょうか。

お話を語り口に戻しましょう。ぼくはこの自分史を作るにあたって、今の自分が文字通り自分の来し方を語る……という語り口を選んでみようと思います。

自分で自分を語る。この時まず映像として思い浮かぶのは、自分で自分を語る、今の自分の映像です。この場合でも、いくつかの映像が浮かぶでしょう。キャメラに向かって、文字通り語りかける。原稿用紙に向かって自分史をつづっている。アルバムをめくり、過去を見つめている。現在の自分の紹介の映像（働く、遊ぶ、その他）。キャメラに向かって語りかける場合は、映像とサウンドの同時採りが必要です。

ここでもう一度、あらためて被写体として可能なものを整理してみます。

① 何といっても現在の自分。これがたいへん重要な要素になってまいりました。

② アルバム・写真類。しかし、われわれの年代では幼少期の写真は父母の物もふくめてきわめて少数しかありません。二年前、中国を訪れた時の写真も加えてみました。

③ 父の手紙、公報、時代を現すためのグラフ類。それに改めて、今の眼で見る思い出の風景も加えてみようと思います。

さて、これらをどのような構成で使用したらよいか……、それがシナリオです。シナリオにするにあたっては、映像との兼ね合いから「伝えたいこと」の文章にも加筆が必要となってきます。

中島貞夫付記

ワークショップではこのシナリオをもとにして撮影をし、音響効果をつけて編集もいたしました。申し上げるまでもなく、映像作品とシナリオはまったく同一というわけではありません。ナレーション部分の文言はほぼこの通りですが、映像は撮影の段階で一つの被写体を幾通りか撮っておりますし、編集段階でショットを分割して使用したり、モンタージュも試みたりしています。

完成作品は一〇分あまりになりました。

○夏の強い日差し、青空に夾竹桃の花

○原稿用紙に向かう自分

○父の写真
○母の写真
○現在の生家

○家の中のショット
重ねながら

○商標・帳簿類
○歴史資料館の品々
○生家二階

○爪と私の写真
（私からズームバックして）
○祖母と私の写真

（蝉しぐれの中から）

N「私が生まれたのは昭和九年、暑い夏の盛りの八月八日でした。所は九十九里浜に程近い千葉県東金市です。もっとも当時はまだ市制は施されてはおらず、千葉県山武郡東金町でした。古くから江戸と銚子の街道筋の宿場町であり、この辺りの商業の中心地でもありました」

「父の名は要一……」

「……母の名はき美よ……」

（音楽）

「これは現在の生家の写真です。十数年前の房総沖地震で改築を余儀なくされましたが、一部は当時のままに残しました。家は代々続いた味噌・糀の製造業で、使用人も七、八人おり、それなりに裕福な暮らしぶりでした」

「母が生前、近隣の資料館に寄贈した、当の家財の品々です。見覚えあるものばかりで、ここにはほかにも何点か保管されております」

「戸籍上、私は次男です。しかし長男は生後間もなく死んだので、跡取り息子としてかなり過保護に育てられたという記憶があります」

（音楽）

「その頃の商家はどこでもそうでしたが、両親は家業に忙しく、もっぱらおばあちゃん子でした」

○祖母の写真
○幼稚園時代の写真重ねて
○私一人の写真

○新聞タイトル大戦はじまる
○一年生時代の写真
○体操する少年達（グラフ）
　—O・L—

○机に向かう私

○三輪車に乗る私（バックに姉）

○祭の写真
○鉄材供出の写真
　—ズームUP父—


「……やさしい祖母でした」

「幼稚園はカソリック系で、そこで行われる行事や父兄会に出席するのももっぱら祖母でした。甘やかされて育ったせいか、やんちゃなくせに泣き虫だった……とは、私が五歳の時に東京に嫁いで行った叔母の証言です」

「こうした生活に変化のきざしが見えたのは……」


（音楽）


N「……昭和一六年一二月八日にはじまった太平洋戦争によってです」

「この年、国民学校に入学……」

「今でいう小学校のことですが、戦時体制にあわせて、それまでの小学校を国民学校と改称……」

「……あとで知ったことですが、私が通った東金国民学校は皇民教育……そう、すべての国民は天皇の赤子である……という考えのもとに、徹底した軍国主義的教育を行うモデル校でした」

「それでもまだまだ、日々の暮らしはそれなりに営まれていたのですが……」


「……戦況は次第に悪化……これはすべての鉄材を供出した時の写真です」

「そして昭和一九年四月」

「父は出征……三六歳の時でした」

○父、出征時の写真

○父ＵＰ

―Ｆ・Ｏして黒バック―

○中国大同の街

○旧陸軍病院

○父の手紙

○病院写真

○病棟内

○公報を見る私

○文面

○軍隊手帳

○賞状

○手紙……

―商売のことＵＰ―

「これが家族で撮ったたった一枚の……最後の写真となりました」

「その年の九月、父は中国で死にました」

「……一昨年」

「父が死んだ当時の陸軍病院の建物が、昔のままに残っていると聞き、中国の大同を訪れました」

「唯一、私宛の父の手紙です……コスモスの花が咲いています……。父の手紙にはそう書いてありました。死はそれから間もなくのことでした」

「中国の方々は、親切に病棟内まで案内してくれました」

N「父の死の報を受けた時、私は国民学校の四年生でした。こみ上げてくる涙を必死に耐えていたのを今でも覚えています」

「『父はお国のために死んだのだ。男の子は泣いてはいかん』徹底した軍国主義的教育に必死で従おうとしたのです」

「事実、当時の私は最も模範的な軍国少年でした」

「それにしても父は異郷でどんな思いを胸に抱きながら死んだのか。……いつか私はその死を犬死だと思うようになりました。今年は靖国参拝が問題になっておりましたが、私は一度も訪れたことはありません。高校生の頃、九段の中坂に住んだことがありましたが、その時も訪れませんでした」

○真っ赤なほうずき
○庭から旧工場レンガ積みへ
　来る私
○青い空
○弟を抱く母の写真
○出征時の写真
　―母にズームＵＰ―
○祖母、二人の妹
○裁縫する母……の写真
○映像のスリット
　―ページ開けて―


（音楽）

「父の死後戦況はますます悪化。学校は兵舎となり、教室での勉強に代わって、午前中は竹槍訓練、午後は勤労奉仕という日々がはじまりました」

「家業はまったくダメになり、父の死のショックで祖母は病床に伏すようになりました。米軍機の来襲も日を追って凄まじさを増しておりました」

「それでも軍国少年は、日本の勝利をなお信じ続けておりました」

「それにしても凄まじかったのは母の生き様です」

「病床の祖母、父の死から二週間後に生まれた乳飲児の弟、四つ違いの姉と、二人の妹……それを抱えてこの修羅場を母は生き抜きました」


「我が映画人生と題する著作の中の一文です」

「その頃の母の姿で強く印象に残っているのは、せっせと働く姿である。掃除洗濯のあまり好きでなかった女が、なぜか突然柱をみがき、釜をみがいている姿である。物もいわず、他人を寄せつけぬ怖い顔つきでひたすら熱中していた母を、不思議な思いで見ていた記憶がある。これも後に思い当たることだが、何か思案に余るような考え事があった時、母はそうしていたようだ……」

○強い日差し

○裏山へ登って行く私

私の顔

（蝉しぐれ）

「そして……昭和二〇年八月一五日……」

「その日も、今日のように暑い日差しが照りつけておりました」

「日本が敗れたと知って、一人裏山に登りました。父の死にも必死にこらえていた涙が、とめどなく溢れ出ました」

あとがき

本書は、中島貞夫監督が平成一一年に大阪大学大学院の文学研究科で行われた集中講義「映画シナリオ論」がもとになっている。講義は、毎朝一〇時前に始まり夕方の五時すぎに終わるというかたちで、師走の一二月八日から一一日まで四日間続いた。『映画の四日間』とする所以である。

本書の姉妹篇にあたる『映画の四日間――中島貞夫映画ゼミナール』（醍醐書房、一九九九年）で中島監督は、映画を企画する最初からフィルムに焼き付けて映像とするまでを監督の立場から扱って、かゆい所へ手が届くように映画の本質を論じられた。同書も、本書と同じく大阪大学で平成六年七月に開かれた集中講義を整理・編集したものだが、映像表現がテーマになっているため、シナリオについては簡単に触れるにとどまっている。

すでにその頃から大阪大学の美学研究室では中島監督に「次はシナリオを」と依頼されていたようで、それが五年ぶりに実現したことになる。首を長くして待ち続けたわたくしは、同研究室の神林恒道教授（現・名誉教授）と上倉庸敬教授の粘りづよさに深く感謝している。あわせて、中島先生の私的助手という立場で講義に出席することを許可してくださったことにも。

前回の集中講義に出席した学生さんたちは、体系立った、しかも現場を熟知した上での血の通った講義に、全身を汗まみれにして熱中していたが、今回も講義の雰囲気は変わらなかった。学生さんたちは、中島監督の解説とヴィデオの画面を一瞬たりとも聞き洩らすまい、見逃すまいとして、あちこちから懸命に首をのばしている。ただし、前回は暑さも暑し四日間だったが、今回は、待兼山のキャンパスを吹きぬける木枯しが、休憩時間、シナリオにどっぷりつかってのぼせた顔を気持ちよく冷やしてくれた四日間だった。

今回の集中講義では『893愚連隊』（脚本：監督中島貞夫）と『あゝ同期の桜』（脚本：須崎勝弥・中島貞夫、監督：中島貞夫）という二本の劇場公開映画のヴィデオが上映されている。

『あゝ同期の桜』は、さまざまな事情があって、中島監督としては無念な思いの残る作品であったと聞く。完成以来、一度も見たことがないとおっしゃっていた。それがたまたま集中講義の直前に初めてヴィデオ化され、監督のもとにも送られてきた。監督は数十年ぶりにご覧になり、かつての無念さにもかかわらず、「いま見たら、これはこれでいいのかもしれねえな」とつぶやかれながら、それを使って、シーンが特定の時間と空間で限定されていることを説明なさった。歳月の流れが不純物を洗い落とし、作品そのものの姿が、作った当人とも無関係に立ち現われてくる、そんな芸術の不思議な場面に居合わせているようで、印象的だった。

『893愚連隊』は、昭和四〇年度の日本映画監督協会新人賞受賞作であり、また同年、監督は京都市民映画祭新人監督賞を受賞された。監督デビュー後間もない三二歳の時の作品だが、お若い頃に執筆された作品中でも、自分のいいたいことをある程度いい切って、当時たちこめていた鬱屈した靄を払い去った作品だったからだろうか、これを教材に選ばれた。青年のさまざまな想いが込められた『893愚連隊』を、監督はこの集中講義で、シナリオを志す同じく若い学生さんたちにぶつけたかったのではないだろうか。

『893愚連隊』は講義中にあらゆる方向から見つめなおされている。映像を見る視点から、映像を作る視点から、文字を読む視点から、そして文字を書く視点から。シナリオについての本は、すでにあるいくつものシナリオを例にあげ、ついでそれを解説するというスタイルをとったものが多い。例示される作品は多種多様で、中にはかなり昔の作品もある。そうしたシナリオ入門の本を手にして、読解力と知識不足を感じる読者はわたくしだけだろうか。どこか行き届かない、モヤモヤしたところを感じたのはわたしだけだろうか。本書はそうしたものとは対照的に、『８９３愚連隊』のシナリオ一つだけが引用されている。たった一つの作品に焦点を定めて論じたところに、本書のユニークさがあると思う。室生犀星は『杏っ子』で「一人の女性と深く付き合えば、女性すべてを知ることができる」と主人公に語らせている。この集中講義では『８９３愚連隊』という、たった一つの作品を対象に、同じ方法をとったわけだ。たった一つの作品だからこそ、それを多方面から検討し整理することができる。そうしてこそ初めて、シナリオも、女性と同じように、汲み尽くせない奥深さを開いてくれるだろう。たった一つの作品であるにもかかわらず、ではなく、むしろ、たった一つの作品だからこそ、である。そうしたところに、シナリオを知悉した中島貞夫の凄さを見ることができるように思う。同時に、あまりいわれないことだが、映画学者・教育者たる中島先生の面目をうかがうこともできる。

集中講義ではたくさんのことを発見した。

一例だけ。まずはキャラクターを充実させること、ドラマはそれにともなって自然にできてくる、と先生はいう。「『杉山…少年兵あがり、歳いくつ、殺人で一二年の刑、でも二年早く出所できた』なんて書いてゆく。造形をできるだけ深くするために、画面に出てこないところまで細かく書きこみます。（略）その作った部分を利用して、何事か起こった時にどういう反応をするかを考えるのです。そのためには、劇的な場面に遭遇させて、どんな反応をするかを考えた方がいい。反応は次の行為となって出てきます。これがドラマを推進させます」。ドラマより先にキャラクターを作りあげることが大切――これは新鮮だった。映画はまずドラマありきだと思っていたものだから。先生の話はすべて経験に基づいている。その話には、映画でメシを喰ってきた男の口から語られる抵抗できない絶対的な説得力がある。

集中講義の録音テープを整理し、構成しなおし、適当と思われるところに『893愚連隊』のシナリオをちりばめたが、中島先生はわたくしの原稿の隅々にまで目を通して、ずいぶん訂正され、加筆なさっている。今回も、構成者として名前を出すのは恥ずかしいが、先生のご厚意に甘えさせていただくことにした。

中島先生は平成一三年秋に京都市文化功労賞を、平成一四年新春に京都府文化賞功労賞をあい次いで受賞された。その祝賀会へおいでくださった方々に、本書をお渡しすることとなった。講義直後から構成をせかされてはいたが、間に中島先生が総合プロデューサーを務める第三回京都映画祭が開かれ、事務局員として多忙だったこともあり、相槌だけ打って手をつけなかった。祝賀会までふたつき。突貫工事の毎日だった。怠けていたバチがあたったとしかいいようがない。萌書房の白石徳浩さんと共同印刷工業の大栢将裕さんが細かく日程を組み立ててくださらなければ、とうてい期日に間に合うようには完成しなかったろう。

前の本と同じく、井川徳道先生に装丁をお願いしたら、今回も共同印刷さんまで何度も足を運んでくださった。京都府京都文化博物館の森脇清隆さん、京都府立図書館の小山雄一さん、愛知工業大学の梶川忠教授、大阪芸術大学の豊原正智教授を始め映画研究誌『FB』の皆さんにも、資料のご教示・提供などで、とてもお世話になった。心からお礼を申しあげたい。

二〇〇二年四月

吉田　馨

■執筆者紹介

中島 貞夫（なかじま さだお）

1934年8月8日，千葉県東金市生まれ。映画監督。都立日比谷高校時代は野球選手として活躍する。55年，東京大学文学部美学美術史科入学。倉本聰らと「ギリシャ悲劇研究会」を結成し，日比谷野外公会堂公演での演出を担当する。59年，卒業と同時に東映入社。入社時に「おまえ，ギリ研か。ギリシャは古典，古典は時代劇や」といわれ，京都撮影所配属となる。64年『くノ一忍法』で監督デビュー。65年，京都市民映画祭新人監督賞受賞。67年よりフリー。やくざ，風俗，任侠，時代劇，文芸もの，喜劇等々，作品は多種多様。代表作に『893愚連隊』，「まむしの兄弟」シリーズ，「木枯し紋次郎」シリーズ，「日本の首領」三部作，『真田幸村の謀略』，『序の舞』（インド国際映画祭監督賞受賞），『女帝・春日の局』，「極道の妻たち」シリーズ，『多十郎殉愛記』など。これまでに監督した映画は63本。京都映画祭実行委員会総合プロデューサー（97年～2013年）についで，現在は京都国際映画祭名誉実行委員長。大部屋俳優をスターに育成し，若手スタッフ指導に尽力するなど，後進に希望を与え続ける。京都市文化功労賞（2001年），京都府文化功労賞（2002年），牧野省三賞（2006年），映画の日特別功労賞（2015年），地域文化成功者表彰（2018年）など受賞多数。

吉田 馨（よしだ かおる）

1964年4月11日，兵庫県尼崎市生まれ。文学博士。83年，大手前女子大学文学部歴史学科入学。87年，卒業と同時に尼崎市立地域研究史料館勤務。93年より映画研究誌『FB』同人。05年，大阪大学大学院文学研究科文化表現論専攻博士後期課程（美学専修）入学。10年，単位取得満期退学。京都映画祭事務局長をへて、現在は京都大学勤務。大阪芸術大学非常勤講師。著書に『銀幕の湖国』『地球の歩き方・京都絵になる風景』。構成編集に『映画の四日間PART1――中島貞夫 映画ゼミナール〔新装版〕』ほか。『花園』に「銀幕の女たち」連載中。

映画の四日間PART 2――中島貞夫シナリオゼミナール〔新装版〕

2002年5月20日 初版第1刷発行
2007年10月10日 初版第2刷発行
2019年4月12日 新装版第1刷発行

著 者 中島貞夫
構 成 吉田 馨
発行者 白石徳浩
発行所 有限会社 萌《きざす》 書 房
〒630-1242 奈良市大柳生町3619-1
TEL（0742）93-2234 / FAX 93-2235
［URL］http://www3.kcn.ne.jp/~kizasu-s
振替 00940-7-53629

印刷·製本 共同印刷工業・藤沢製本

ISBN978-4-86065-132-9